SCIENCES ET EXPERIENCES

# LE TEMPS ET LES CLIMATS

**Fiona Watt et Francis Wilson (présentateur météo)**

**Edition: Corinne Stockley**

**Conception: Paul Greenleaf**

**Illustrations: Kuo Kang Chen, Peter Dennis et Denise Finney**

**Autres illustrations: Stephen Wright**

**Traduction: Nathalie Chaput**

# Sommaire

# A propos de ce livre

Que le ciel soit bleu ou que l'orage menace, le temps fait partie de la vie quotidienne de chacun d'entre nous sur cette planète. Ce livre vous expliquera comment les divers éléments composant notre atmosphère se combinent entre eux pour créer les différents types de temps existant et comment les conditions météorologiques produisent les nombreux climats du monde.

Nous examinerons ensemble les divers moyens d'observations météorologiques ainsi que les processus de collecte des informations servant à prévoir le temps d'une façon précise. Nous étudierons les changements climatiques de la Terre depuis sa formation ainsi que les effets sur l'atmosphère, le temps et les climats des problèmes actuels d'environnement.

## Activités et expériences

Au fil des pages de ce livre, vous rencontrerez des encadrés comme celui-ci. Ils concernent des activités et des travaux pratiques, faciles à réaliser, qui vous permettront de mieux comprendre les divers principes régissant les types de temps et leur formation. Vous trouverez le matériel nécessaire soit chez vous soit chez un quincailler.

## Le glossaire

Vous trouverez en pages 46-47 un glossaire qui vous sera très utile. Il explique les principaux termes employés dans ce livre et vous familiarise avec des notions nouvelles.

Cette scène montre un cyclone tropical (ou hurricane). Les vents cycloniques peuvent gravement endommager les bâtiments et les arbres et former des vagues gigantesques qui s'abattent sur les côtes. Pour plus d'informations sur les hurricanes, reportez-vous en pages 18-19.

# Le temps sur notre planète

La Terre est une des planètes du système solaire. Chaque planète est entourée d'un mélange de différents gaz appelé atmosphère. Le temps sur une planète dépend de sa distance par rapport au Soleil et des mouvements des gaz composant son atmosphère.

## Le Soleil

Le Soleil émet de l'énergie sous la forme de rayons de chaleur et de lumière (le rayonnement solaire). La quantité d'énergie thermique et lumineuse atteignant les planètes du système solaire dépend de leur distance par rapport au Soleil.

## Le rayonnement solaire

Il se compose de rayons de différentes intensités d'énergie: ce sont tous des rayons de haute énergie mais certains sont plus puissants que d'autres. Tous ces rayons peuvent réchauffer ce qu'ils pénètrent, et certains peuvent en plus fournir de la lumière. Une partie du rayonnement le plus fort (qui est aussi le plus dangereux pour nous) est absorbée par certains gaz de la thermosphère et par l'ozone de la stratosphère (voir page 5). Les nuages servent aussi à absorber ou à réfléchir une partie du rayonnement solaire. Cependant, la plus grande partie atteint la surface de la Terre, où elle est soit absorbée par les terres et les mers, soit réfléchie.

Les rayons de haute énergie qui pénètrent la Terre la réchauffent. La Terre, à son tour, émet des rayons (de plus faible intensité) dans l'atmosphère. Une partie de ce rayonnement s'échappe dans l'espace, tandis qu'une autre partie est absorbée par des gaz atmosphériques (gaz carbonique, par exemple). Ces gaz vont eux aussi émettre des rayons d'intensité un peu plus faible dans toutes les directions. Certains atteindront la surface terrestre. Ils seront alors absorbés, et réchaufferont à nouveau la Terre.

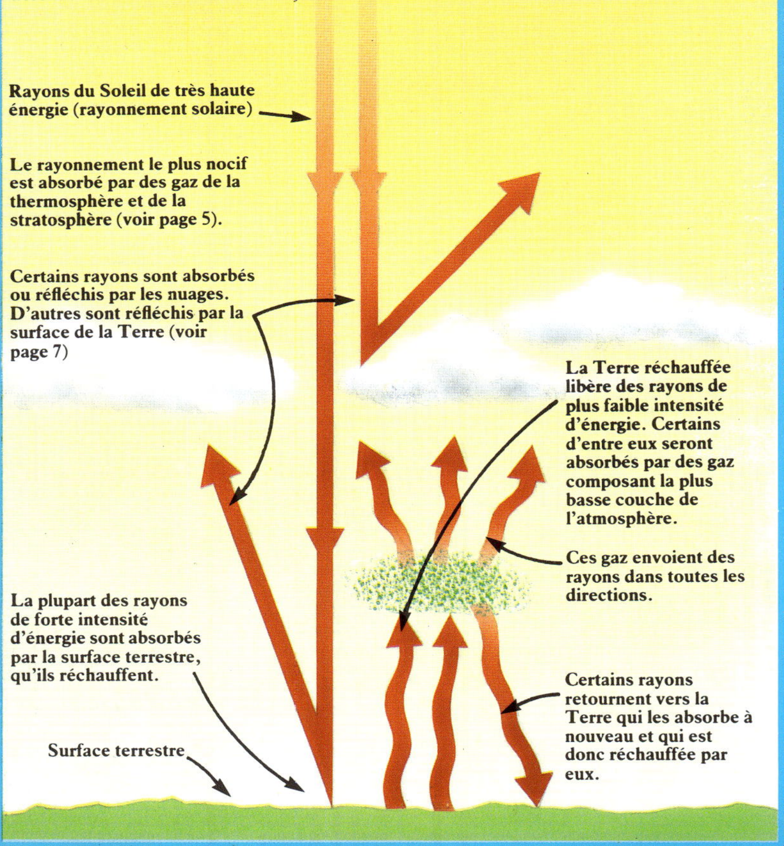


## Le temps sur les planètes

Les chercheurs se sont servis des nombreuses informations fournies par les sondes spatiales pour déterminer le temps sur les autres planètes. L'atmosphère de chacune des planètes du système solaire reste suspendue au-dessus de cette planète grâce à la gravité qui l'attire vers la surface. La force ainsi exercée s'appelle la pression atmosphérique (ou pression de l'air sur la Terre). Les pressions et les gaz atmosphériques diffèrent selon les planètes, c'est pourquoi le temps sur chacune d'elles n'est pas le même. Les exemples ci-dessous sont ceux des planètes les plus proches du Soleil.

**La rotation de la Terre sur elle-même se fait en 24 heures (un jour).**

**Vénus tourne sur elle-même en 243 jours.**

### Le temps sur Vénus

L'atmosphère de Vénus est très dense; sa pression est 90 fois plus élevée que sur la Terre. Cette atmosphère se compose principalement de gaz carbonique, un gaz qui retient très bien la chaleur. La température atteint 475 °C.

Vénus est entourée d'épais nuages contenant des gouttelettes d'acide sulfurique. Ces gouttelettes tombent parfois en pluie mais s'évaporent avant de toucher le sol vénusien et reforment ainsi des nuages. Il y a en permanence des orages accompagnés d'éclairs.

## La Lune

Ce n'est pas une planète mais un satellite de la Terre. Un satellite est un objet quelconque de l'espace qui tourne autour (est en orbite autour) d'un objet plus gros, une planète par exemple. Des planètes autres que la Terre possèdent des lunes (ou satellites): par exemple, Mars a deux lunes et Jupiter en a seize.

Sur la Lune, il n'y a ni eau, ni vent, ni temps. Aucune atmosphère ne l'entoure, car la force de gravité lunaire est trop faible pour attirer les gaz à sa surface. La Lune est couverte de poussière.

## Mars

L'atmosphère de Mars est très fine et la pression y est très faible. Elle est principalement composée de gaz carbonique et d'un peu d'azote. Il n'y a pas d'eau sur la surface de Mars, mais on trouve des zones glacées à ses pôles Nord et Sud. Les températures sont très basses: –29 °C le jour et –85 °C la nuit.

**De Mars, le ciel semble rose. C'est parce que des vents violents soufflent sur sa surface rocheuse, soulevant la poussière rouge qui la recouvre.**

## Jupiter

L'atmosphère de Jupiter serait composée de gaz tourbillonnants, entourant un centre solide (ou cœur). On pense que ces gaz sont de l'hydrogène et de l'hélium et que les températures sont très basses, dépassant les – 130 °C.

**On pense que la Grande Tache Rouge de Jupiter est un immense ouragan.**

## L'atmosphère de la Terre

L'atmosphère terrestre est divisée en couches (voir ci-dessous) en fonction de leur température. Ces frontières ne sont que théoriques. La Terre est la seule planète du système solaire qui comporte d'importantes quantités d'eau dans son atmosphère, à sa surface et sous sa surface.

**La magnétosphère est la couche supérieure. Elle ne contient pas de gaz, mais forme une barrière qui stoppe les nombreuses particules spatiales entrant dans l'atmosphère terrestre. Les satellites météorologiques (voir page 25) tournent bien au-delà de cette couche.**

**La couche d'air de l'exosphère est très fine, car elle contient peu de gaz. Le haut de cette couche est à environ 900 km de la surface terrestre. On y trouve quelques satellites de météorologie polaire (voir page 25).**

**La thermosphère comprend des gaz qui absorbent certaines radiations solaires nocives, ce qui réchauffe cette couche de l'atmosphère. Le haut de la couche se trouve à environ 450 km de la surface terrestre, là où la température peut atteindre 2 000 °C. La température décroît à mesure que l'on descend.**

**La mésosphère culmine à environ 80 km. Plus on se rapproche de la stratosphère située juste en dessous et moins il fait froid. Tout en haut, la température atteint environ – 100 °C.**

**Le haut de la stratosphère se trouve à environ 50 km de la surface de la Terre. A l'intérieur, l'ozone forme une couche gazeuse séparée, qui absorbe certains des rayons nocifs du Soleil et se réchauffe. La température d'environ 0 °C tout en haut diminue lorsque l'on se rapproche de la troposphère située juste en dessous. Les avions à réaction volent dans cette couche où l'air est stable.**

**La hauteur de la troposphère varie entre 10 et 20 km. C'est au sommet que la température est la plus basse (environ – 50 °C), mais l'air se réchauffe au fur et à mesure que l'on se rapproche de la surface terrestre. C'est dans cette couche que se trouvent tous les éléments qui se combinent pour former le temps de notre planète.**

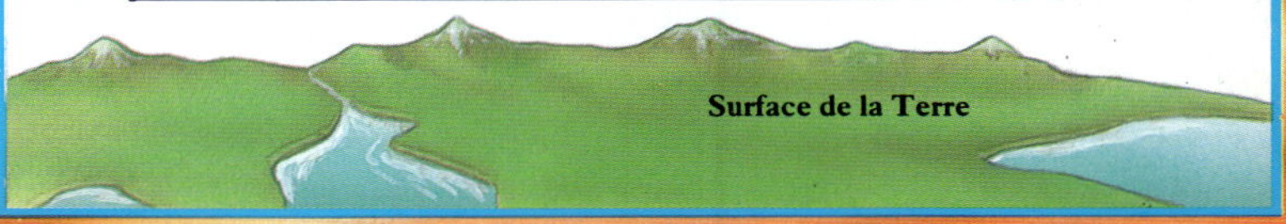

# Le réchauffement de la Terre

La façon dont les rayons du Soleil frappent la surface de la Terre détermine la température d'une région. La quantité de chaleur reçue par une région influence directement le temps, car elle affecte la température de l'air situé juste au-dessus de cette région.

## La chaleur du Soleil et les saisons

Toutes les régions de la Terre ne reçoivent pas une quantité égale de chaleur solaire, car la Terre est inclinée et sa surface est courbe. Les rayons solaires frappent donc plus ou moins obliquement les différentes régions terrestres.

De plus, la Terre tourne autour du Soleil et au début de son orbite un des hémisphères est incliné vers le Soleil puis, à la moitié de son orbite (6 mois plus tard), c'est au tour de l'autre hémisphère d'être incliné vers le Soleil. Ainsi, à cause de l'inclinaison de la Terre, la région qui est touchée directement par les rayons solaires change peu à peu. Les variations de température qui en résultent créent les saisons.

Près de l'équateur, les températures ne varient pas beaucoup pendant l'année, car le rayonnement solaire y est presque toujours de même intensité et les températures sont élevées.

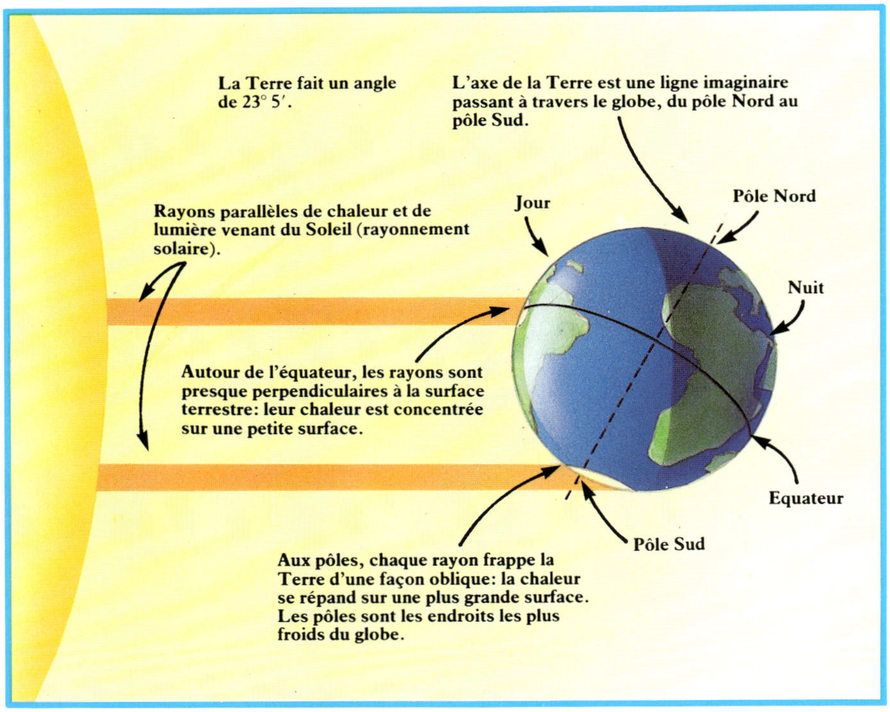


Plus une région est éloignée de l'équateur, plus ses températures estivales et hivernales sont basses, comparées aux températures équatoriales.

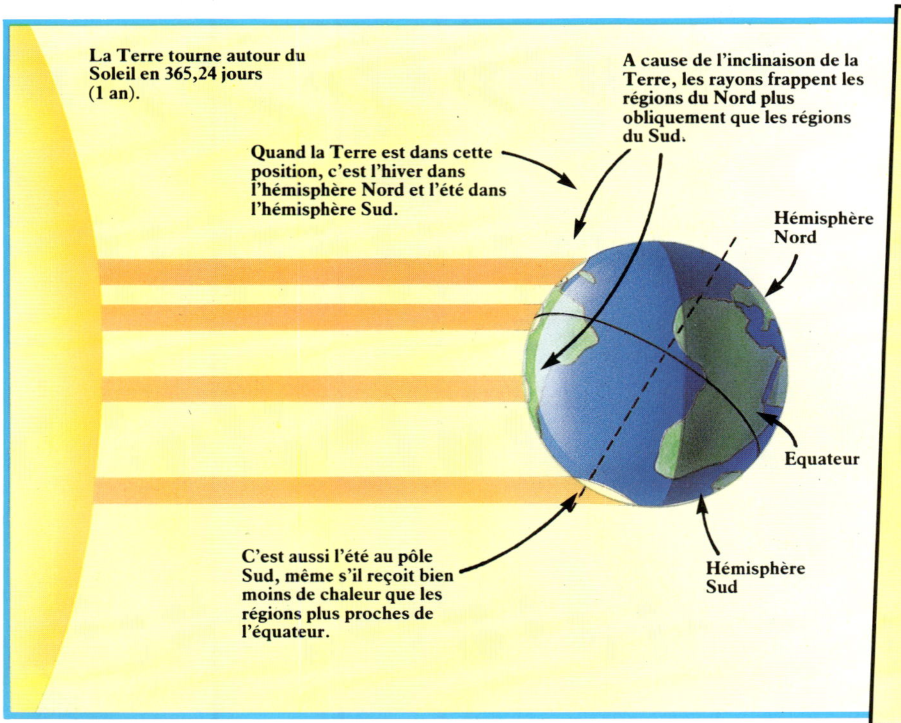


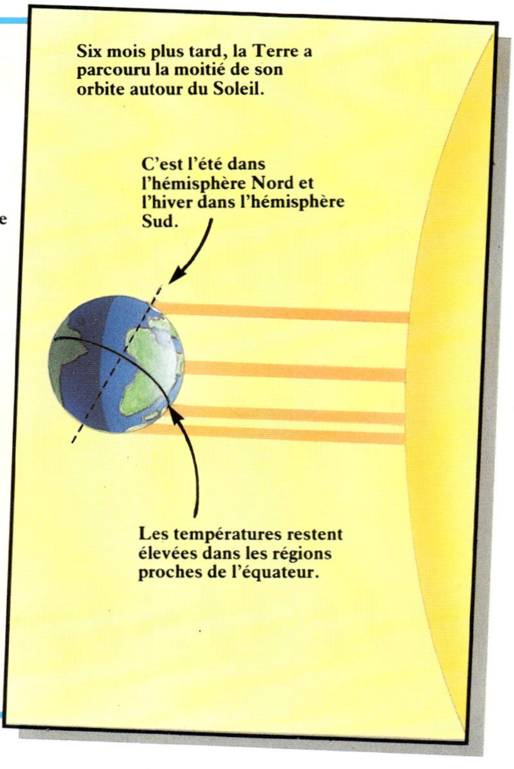

## Les températures à la surface de la Terre

Non seulement certains endroits reçoivent plus de radiations solaires que d'autres, mais, de plus, toutes les surfaces n'absorbent pas de la même façon les radiations solaires. Les forêts, le sable et les sols nus absorbent plus de radiations que la neige ou la glace, qui en réfléchissent la plus grande partie. La température de l'air en contact avec une surface dépend de la température de cette surface.

## Fabriquer une fontaine

Nous allons fabriquer une fontaine avec une bouteille pour mettre en évidence la dilatation de l'air chaud. Pour cela il vous faut une bouteille en verre avec un bouchon en plastique, un tire-bouchon, du colorant alimentaire, une paille, du mastic* et une aiguille.

**Comment faire:**

1. Trouez le bouchon en plastique avec un tire-bouchon (attention au bout pointu!). ▶

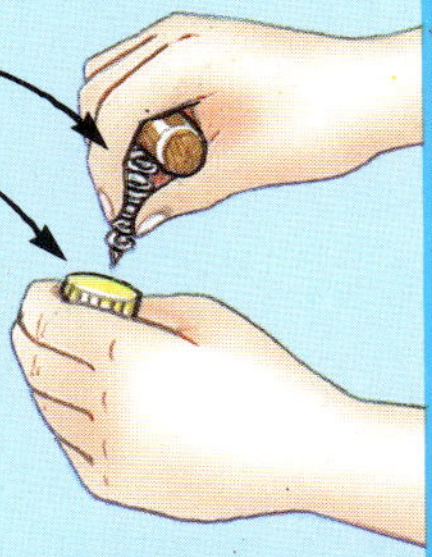


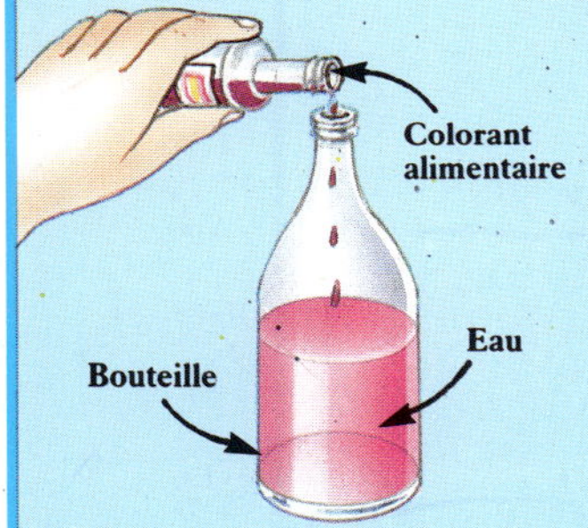


◀ 2. Remplissez la moitié de la bouteille avec de l'eau froide. Ajoutez quelques gouttes de colorant.

3. Vissez le bouchon plastique sur la bouteille et enfoncez la paille dans le trou. Collez-la dans cette position avec du mastic et bouchez son trou supérieur avec du mastic. Avec une aiguille, percez le bouchon de mastic. ▶

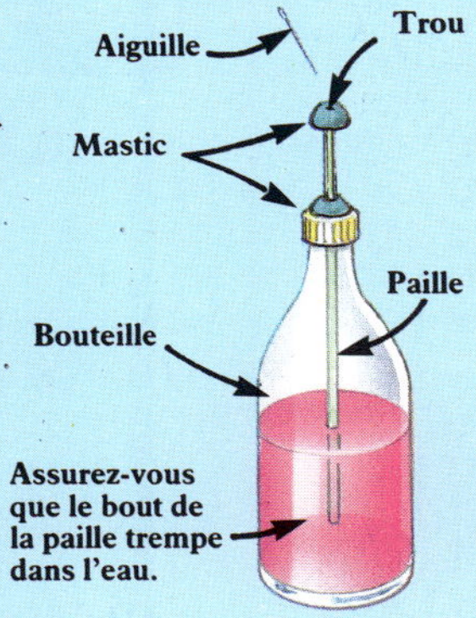


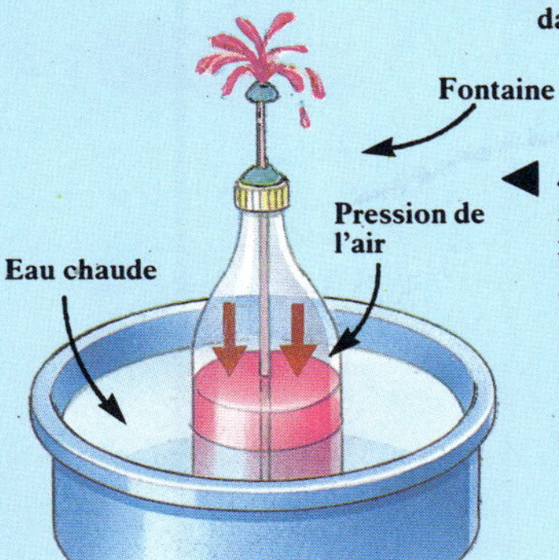


◀ 4. Placez précautionneusement la bouteille dans une bassine remplie d'eau très chaude. L'air de la bouteille va se réchauffer, donc se dilater et pousser l'eau, qui va monter dans la paille.

*Ce mastic sert à coller des notes ou des affiches sur les murs.

## Les températures de l'air

La surface de la Terre est principalement chauffée par les rayons solaires qu'elle absorbe (voir page 4). Quand les régions terrestres sont plus chaudes que la couche d'air immédiatement au-dessus d'elles, elles la réchauffent.

L'air chaud se dilate, devient moins dense et monte. Il est alors remplacé par l'air plus froid environnant. Mais, en montant, l'air chaud se refroidit, devient plus dense et finit par se stabiliser. Puis, il redescend, et peut se réchauffer à nouveau si la surface terrestre qu'il rencontre est toujours plus chaude que lui. Cette circulation de courants d'air chaud et froid s'appellent la convection et les courants sont dits de convection.

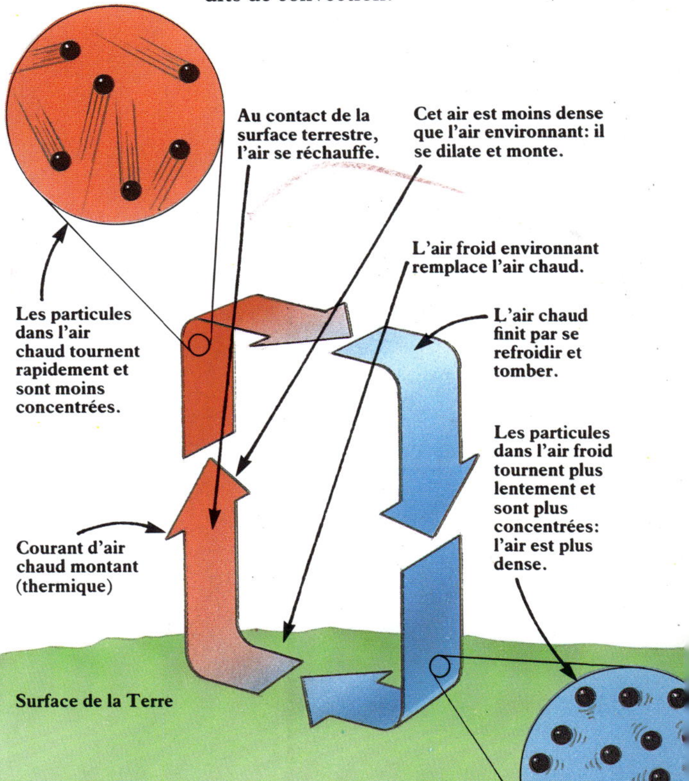


Les courants de convection apparaissent au-dessus de grandes régions de la surface terrestre, quand de grosses masses d'air sont réchauffées. Ils peuvent aussi survenir au-dessus de surfaces plus petites, comme un champ qui vient d'être labouré. Les courants d'air montant sont appelés thermiques.

# La pression et les vents

La pression atmosphérique à la surface de la Terre varie selon les endroits. C'est dû en partie aux quantités différentes de chaleur que ces endroits reçoivent. Ces différences de pression produisent des mouvements d'air: les vents.

La pression atmosphérique décroît aussi avec l'altitude (hauteur au-dessus du niveau de la mer), car la quantité d'air exerçant une force sur une surface est plus grande au niveau de la mer qu'en altitude (en montagne par exemple).

## Les différences de pression atmosphérique

Quand l'air monte, il laisse derrière lui une zone de basses pressions, car cet air en mouvement ascendant n'exerce plus une force aussi grande sur la surface terrestre. Les zones de hautes pressions se forment quand l'air redescend et exerce à nouveau une grande force.

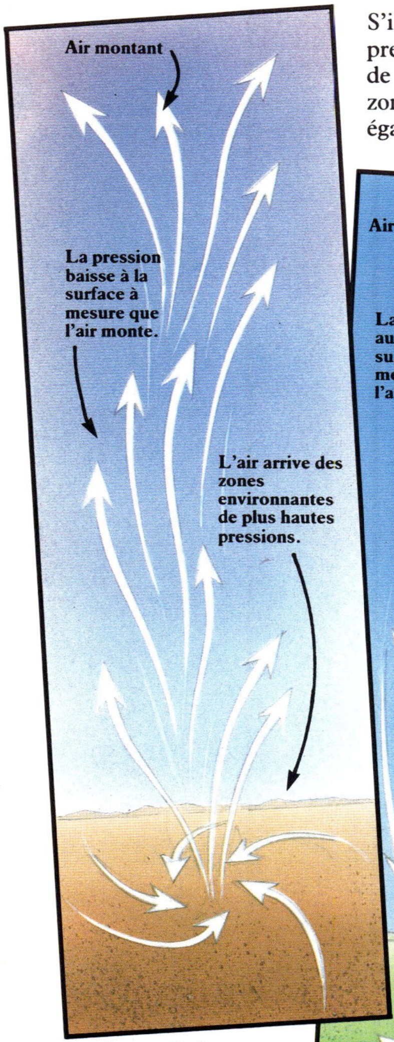


S'il y a une différence de pression, l'air va de la zone de haute pression vers la zone de basse pression pour égaliser la pression.

Au-dessus de la surface de la Terre, il y a de nombreuses zones de basses et hautes pressions dues, par exemple, à une inégale répartition de la chaleur en surface. L'air se déplace d'une zone à l'autre et crée les vents de surface.

## Mesurer la pression de l'air

La pression de l'air se mesure en millibars à l'aide d'un baromètre. Pour faire un baromètre, il vous faut une bouteille en plastique haute et étroite, une bassine, deux élastiques, du carton et de l'eau.

**Comment faire:**

1. Découpez une bande de carton de 2,5 cm de large et graduez-la. Puis fixez-la à la bouteille avec les élastiques.

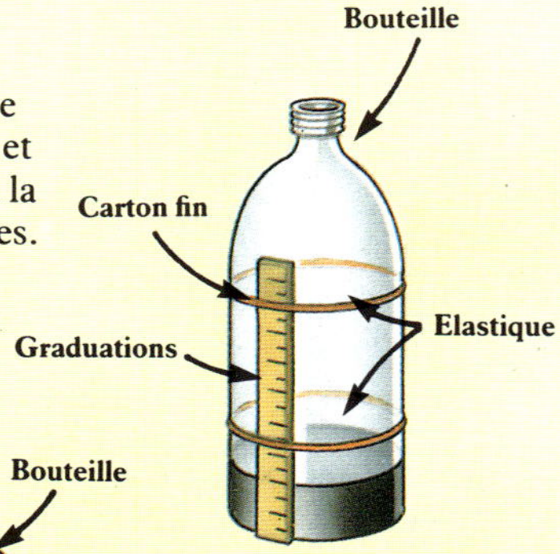


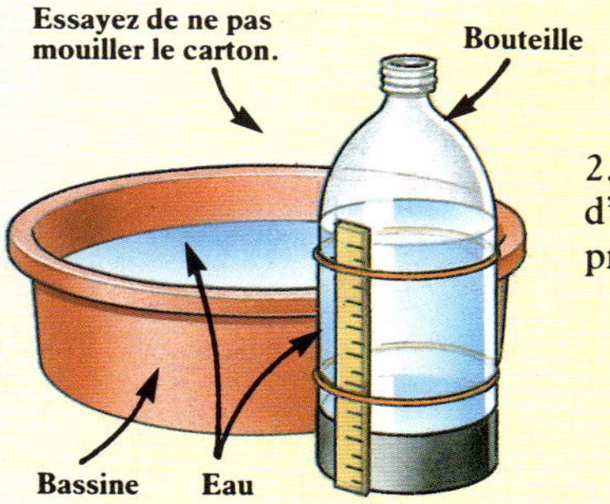


2. Remplissez la bouteille d'eau aux ¾ et la bassine presque à ras bord.

3. Mettez votre main sur le haut de la bouteille, puis renversez-la et déposez-la dans la bassine de façon que le goulot soit sous l'eau. Enlevez votre main et laissez la bouteille dans la bassine.

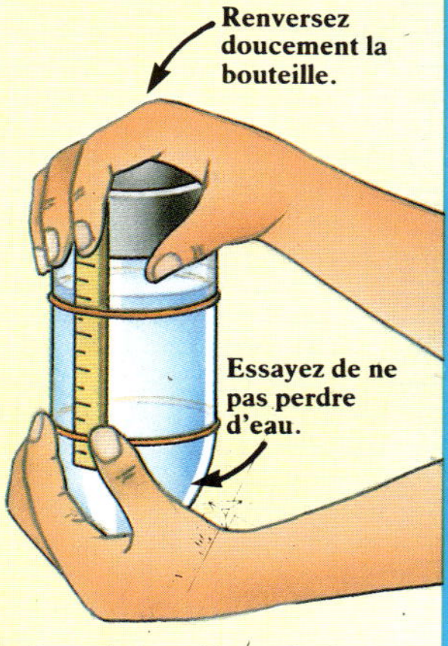


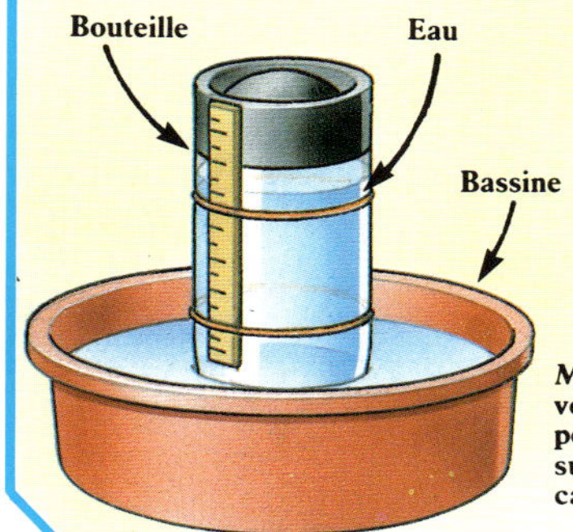


4. Le niveau d'eau de la bouteille monte et descend en fonction de la pression de l'air exercée sur l'eau de la bassine.

**Marquez le niveau d'eau le jour où vous fabriquez ce baromètre: vous pourrez en déduire la pression de l'air sur plusieurs jours et l'inscrire dans un carnet.**

## Les principales zones de pressions dans le monde

Autour de la Terre, il y a plusieurs bandes où les hautes et basses pressions règnent (même si on peut trouver des zones individuelles de pressions différentes dans chaque bande, voir page 10). Il existe un modèle général des mouvements d'air allant des zones de hautes pressions vers les zones de basses pressions.

C'est à l'équateur que la surface terrestre reçoit le plus de radiations solaires. Le sol réchauffe beaucoup de vastes quantités d'air, qui monte en laissant à la surface une bande où les basses pressions prédominent: c'est la Zone de Convergence InterTropicale (ZCIT). Elle détermine tous les autres mouvements d'air.

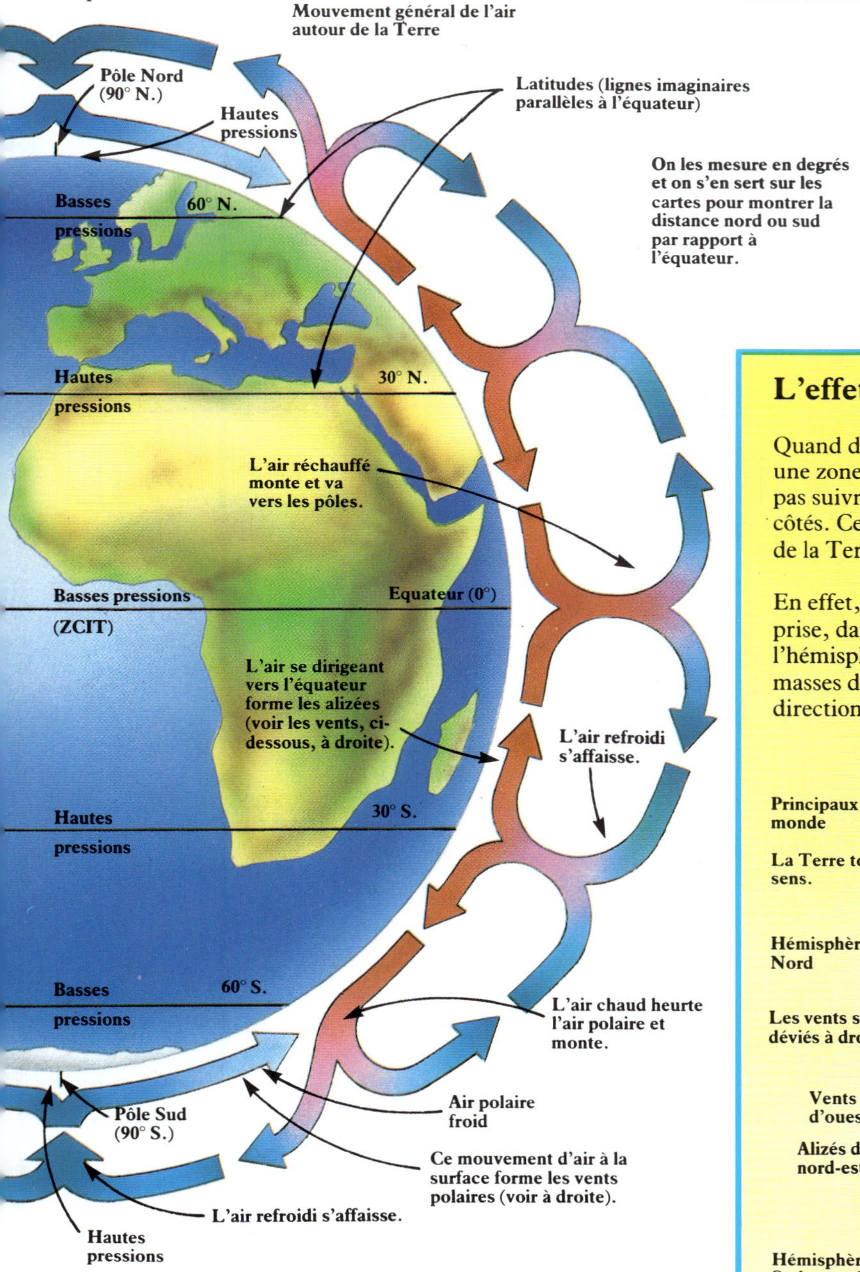


L'air chaud montant au-dessus de l'équateur se dilate, puis refroidit et s'affaisse autour des latitudes 30° nord et sud de l'équateur. L'air descendant exerce une force sur la surface et crée une bande de hautes pressions. Ainsi, quand il atteint la surface, il se déplace du nord au sud vers les zones de pressions plus basses.

### L'effet de Coriolis

Quand de l'air se déplace d'une zone de haute pression vers une zone de basse pression, les vents ainsi créés ne peuvent pas suivre la route la plus directe, car ils sont déviés sur les côtés. Ces déviations sont dues au mouvement de rotation de la Terre et s'appellent l'effet de Coriolis.

En effet, cette force dévie les vents à droite de la direction prise, dans l'hémisphère Nord, et à gauche, dans l'hémisphère Sud. L'effet de Coriolis agit sur les principales masses d'air du globe (voir à gauche) et détermine les directions des principaux vents du globe.

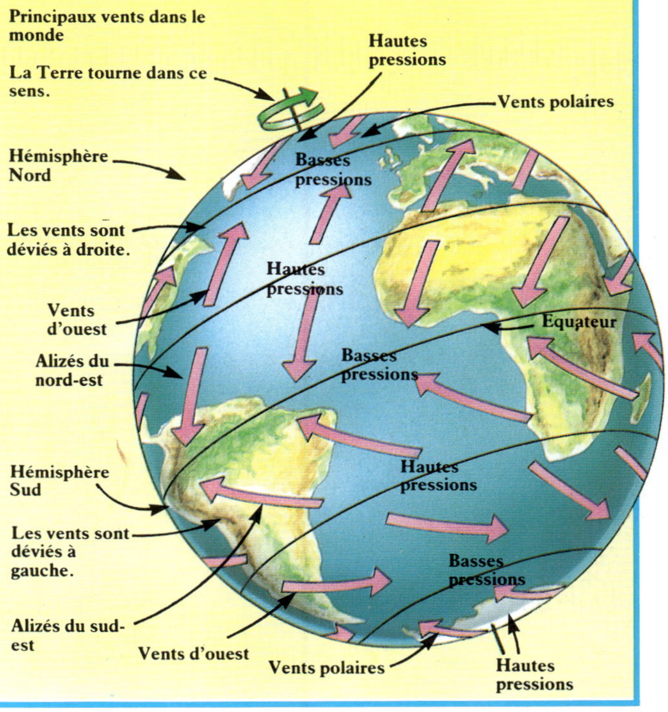


Vers 60° N. et 60° S., l'air froid s'éloignant des pôles rencontre l'air plus chaud des régions équatoriales. Cet air plus chaud est moins dense et donc s'élève en laissant des zones de basses pressions à la surface. Puis, l'air refroidit et s'affaisse vers les pôles en formant une bande de hautes pressions.

# Les masses d'air en mouvement

L'air qui entoure le globe est en permanence en mouvement. Les bandes principales de hautes et basses pressions (voir page 9) établissent le mouvement général, à long terme, des masses d'air. Cependant, il se crée constamment des zones individuelles de pressions, petites ou grandes, au-dessus des diverses régions de la planète. Cela produit des mouvements interactifs d'air en surface: les vents. Il arrive que les vents soufflent dans un sens différent du mouvement général, si ce n'est pas dans un sens opposé à ces principales masses d'air.

## Les différences de pression

La création de dépressions et d'anticyclones en divers endroits de la planète est surtout due aux vents rapides de haute altitude, qui soufflent autour de la Terre dans le sens de sa rotation (d'ouest en est). Les plus puissants circulent dans les hautes couches, approximativement au-dessus des 60° parallèles des deux hémisphères, là où l'air polaire de haut niveau rencontre de l'air plus chaud (voir page 9). Il y a aussi des vents moins puissants, au-dessus des 30° parallèles des deux hémisphères. Les vents forts suivent des tracés sinueux, car l'air plus chaud progresse vers le pôle plus ou moins vite selon les endroits. Les vents circulent plus rapidement là où l'air chaud pénètre le plus profondément l'air polaire. Les vents ont donc des vitesses inégales, ralentissant ou accélérant leur course pendant leur trajet. Les plus rapides sont les jet streams.

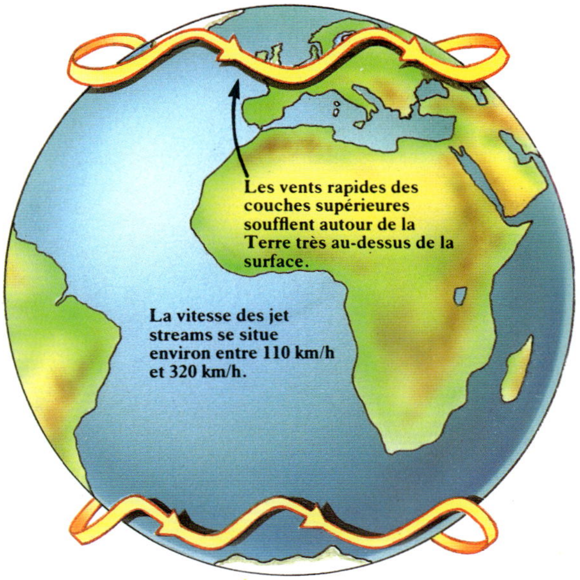


Les tracés sinueux (voir ci-dessous) et les vitesses inégales des vents bousculent l'air qui se trouve autour et au-dessous d'eux. A certains endroits, l'air est compressé, et cela crée une plus haute pression en surface. A d'autres endroits, l'air est étiré et l'air du dessous monte pour remplir l'espace, formant ainsi une plus basse pression en surface.

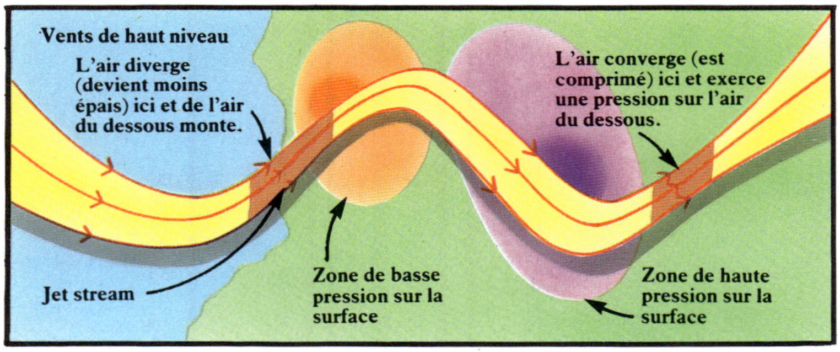


A cause de cette instabilité, des zones de basses pressions peuvent apparaître dans une bande générale de hautes pressions, et inversement. L'air qui monte ou descend pour unifier la pression se déplace parfois dans une direction différente de celle du modèle de la circulation générale, car l'influence due à ces différences de pressions locales est la plus forte.

Tous ces mouvements d'air ont des répercussions: l'air est déstabilisé un peu partout et les masses d'air se déplacent autour de la Terre d'une façon irrégulière d'un jour sur l'autre.

## Zones de pressions en mouvement

Les vents de surface soufflent toujours des centres des zones de hautes pressions vers les centres des zones de basses pressions. Or ces centres sont constamment en mouvement, car ils ont été créés au-dessus d'un endroit particulier de la surface terrestre et ils sont déplacés par les vents de haute altitude au-dessus d'eux.

Ces centres qui se déplacent s'influencent mutuellement. Plus ils sont proches les uns des autres et plus leur influence est grande. Si la différence de pression entre un centre de haute pression et son environnement est faible, l'air sortant de l'anticyclone se déplacera lentement. Ainsi, les zones de hautes pressions, sans autre influence, ont des vents de surface lents.

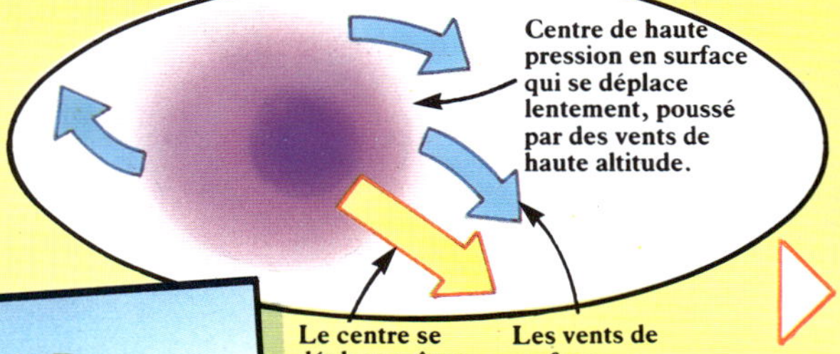

## Température et humidité

Une masse d'air peut être plus chaude ou plus froide, plus sèche ou plus humide (elle contient plus de vapeur d'eau), que l'air de la zone qu'elle pénètre. Dans ce cas, elle apporte avec elle un changement de temps. Ses caractéristiques dépendent de l'endroit d'où elle vient, du type de surface au-dessus de laquelle elle a circulé et de sa vitesse. L'air qui se déplace lentement est plus affecté par les surfaces au-dessus desquelles il passe.

La température de l'air est influencée par les températures des surfaces rencontrées. Ceci se comprend aisément s'il s'agit des pôles et de l'équateur, mais c'est aussi vrai pour des endroits très proches. La cause en est la différence entre les types de sol chauffés par le rayonnement solaire (voir page 7), mais aussi la différence entre les mers et les terres. Selon l'heure de la journée ou la saison, la mer est plus chaude que la terre ou inversement.

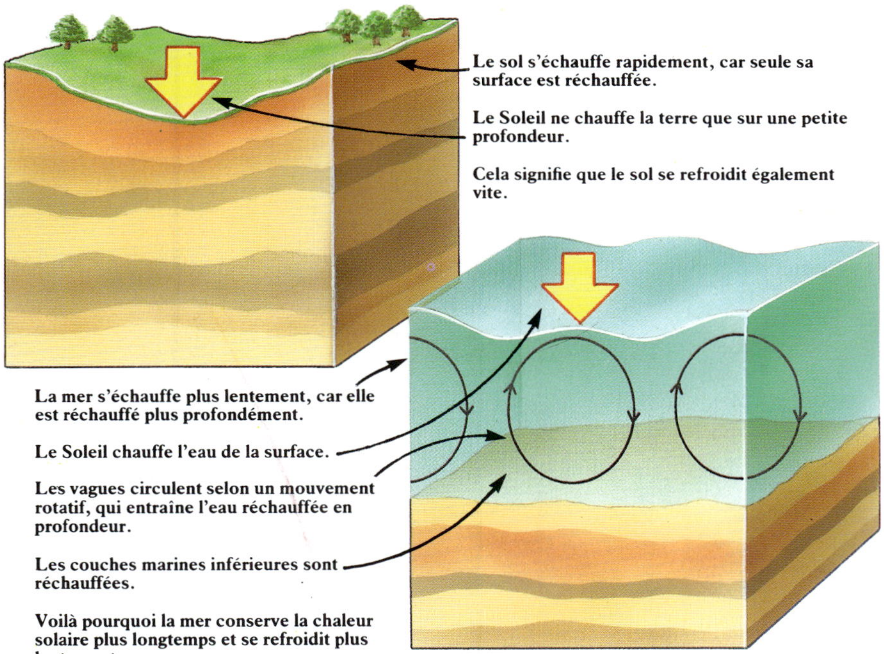

**Le sol s'échauffe rapidement, car seule sa surface est réchauffée.**

**Le Soleil ne chauffe la terre que sur une petite profondeur.**

**Cela signifie que le sol se refroidit également vite.**

**La mer s'échauffe plus lentement, car elle est réchauffé plus profondément.**

**Le Soleil chauffe l'eau de la surface.**

**Les vagues circulent selon un mouvement rotatif, qui entraîne l'eau réchauffée en profondeur.**

**Les couches marines inférieures sont réchauffées.**

**Voilà pourquoi la mer conserve la chaleur solaire plus longtemps et se refroidit plus lentement.**

L'humidité de la masse d'air est plus élevée si l'air a circulé au-dessus de la mer, car l'eau s'évapore de la mer et pénètre l'air rencontré. Un air qui a voyagé au-dessus des terres contient souvent moins de vapeur d'eau.

Si un centre de haute pression est proche d'un centre de basse pression, la différence de pression entre les deux zones est plus aiguë et l'air bouge plus vite. Plus grande est la différence de pression, plus vite l'air bouge et donc plus forts sont les vents de surface.

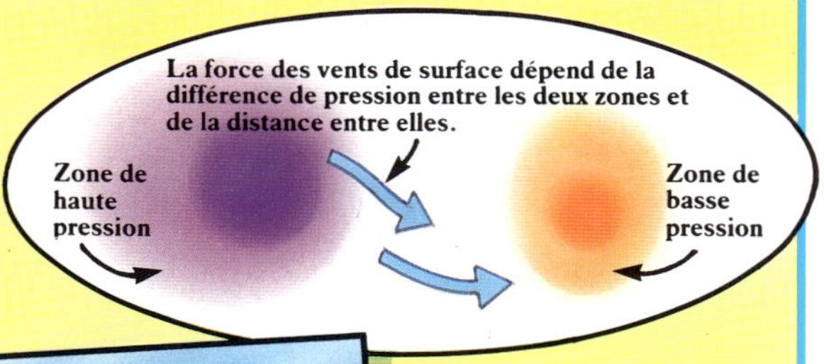

**Plus les deux zones de pression différente sont proches et plus forts seront les vents entre elles.**

**Quand le vent est fort, c'est que la différence de pression est grande et que l'air se déplace pour l'unifier.**

## La classification des masses d'air

On range les masses d'air selon leurs zones d'origine, ou sources.

**Les masses d'air formées au-dessus des mers et des océans sont des masses d'air maritimes (m).**

**Une masse d'air maritime tropicale (mT) se développe au-dessus des mers chaudes. Elle est tiède et humide.**

**Une masse d'air maritime polaire (mP) se forme au-dessus des mers proches des pôles. Elle est froide et humide.**

**Les masses d'air continentales (c) se forment au-dessus des terres.**

**Une masse d'air continentale tropicale (cT) se développe au-dessus des terres chaudes et arides. Elle est chaude et sèche.**

**Une masse d'air continentale polaire (cP) se forme au-dessus des terres proches des pôles. Elle est froide et sèche.**

# Les nuages

Les nuages sont composés de millions de minuscules gouttelettes d'eau ou de cristaux de glace, qui se forment quand l'air se refroidit. Il existe plusieurs types de nuages, selon leur formation, leur forme, leur altitude et leur taille. Ils sont utiles pour prévoir le type de temps qu'il va faire et sont souvent associés aux précipitations (pluie, neige, grésil ou grêle). Mais les nuages n'annoncent pas tous une perturbation.

## La vapeur d'eau

On trouve de l'eau dans l'air sous forme d'un gaz invisible appelé vapeur d'eau. La vapeur se forme quand l'eau des cours d'eau et des mers se réchauffe, puis s'évapore et monte dans l'air. L'humidité de l'air, c'est la quantité de vapeur d'eau contenue dans cet air.

L'humidité varie selon les endroits et selon la température. Quand l'air ne peut pas contenir plus de vapeur d'eau qu'il n'en contient déjà, on dit qu'il est saturé.

## La formation des nuages

L'air contient des millions de particules de poussière microscopiques. Quand l'air humide monte, se dilate, puis refroidit, sa vapeur d'eau devient liquide (elle se condense) et s'accroche à la surface de ces particules en produisant de minuscules gouttelettes d'eau qui se regroupent pour former les nuages. La température à laquelle cela arrive s'appelle le point de rosée. Si la température du nuage tombe en dessous du point de gel, alors les gouttelettes d'eau gèlent et forment des cristaux de glace.

**Il y a plusieurs causes à la montée de l'air et à la formation des nuages.**

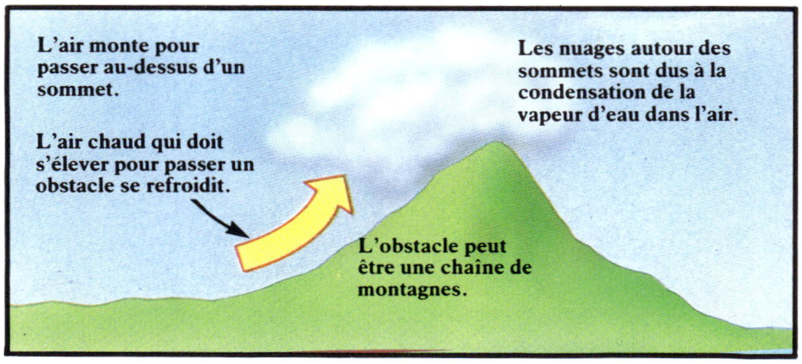


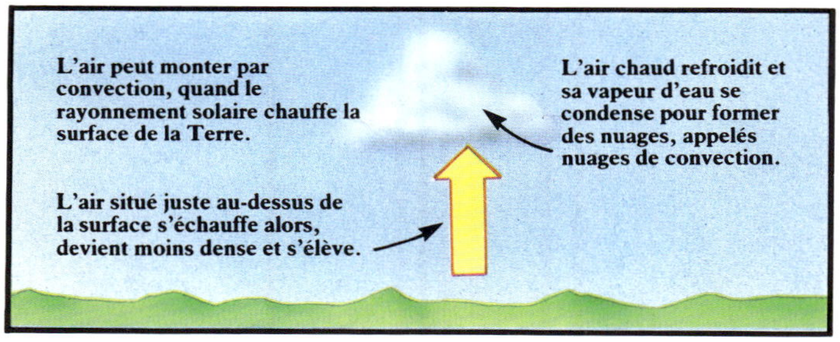


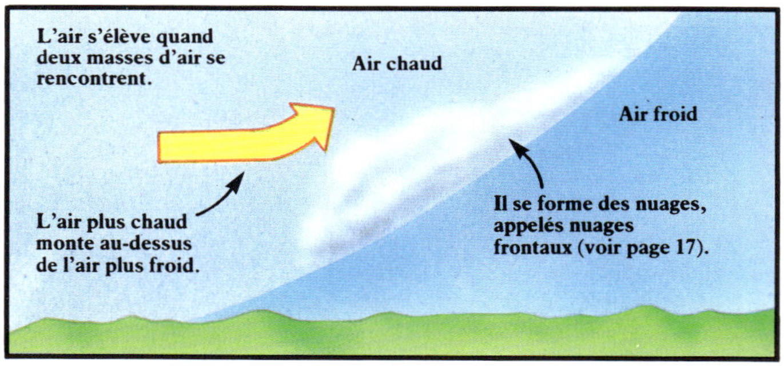


## Fabriquer un nuage

Cette expérience vous explique la formation d'un nuage dû à un refroidissement d'air chaud. Il vous faut: un grand pot en verre, un bac à glace en métal et des glaçons.

**Comment faire:**

1. Versez 2,5 cm d'eau chaude dans un pot en verre.

2. Posez quelques glaçons sur bac à glace et placez le tout au-dessus du pot.

3. L'air à l'intérieur du pot monte, puis rencontre le bac à glace et se refroidit. Sa vapeur d'eau se condense alors en gouttelettes.

**N'utilisez pas d'eau brûlante, car cela pourrait briser le pot en verre.**

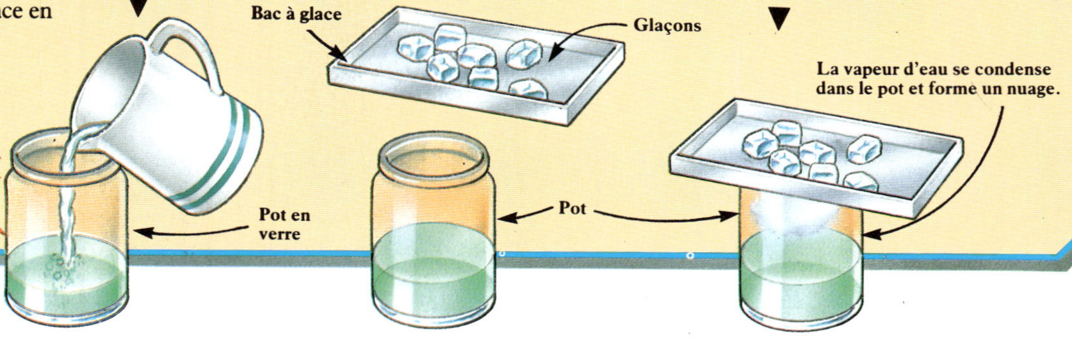

## Les principaux types de nuages

On reconnaît un nuage à sa forme et à son altitude. Il existe trois types de nuages: les cirrus, les cumulus et les stratus. Ils se combinent entre eux et peuvent donner de nombreux autres types de nuages qu'on peut voir dans le ciel au même moment.

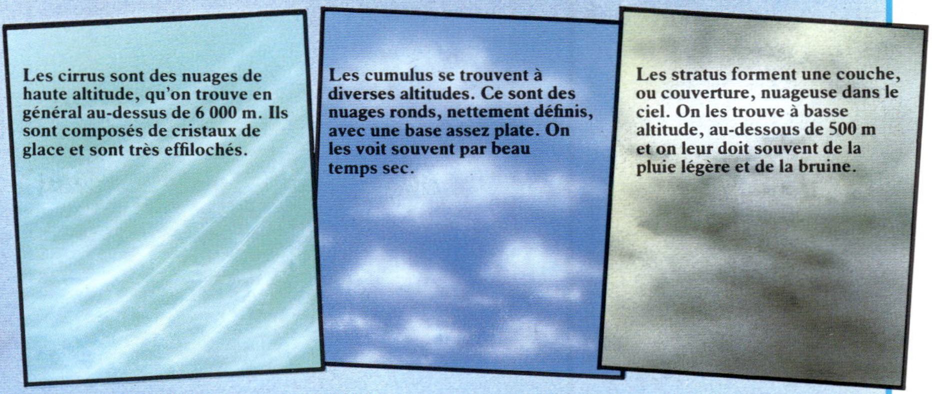


En se combinant, les principaux types de nuages forment de nombreux autres types de nuages. On les nomme d'après leur type et d'après l'altitude à laquelle on les trouve. Par exemple, le mot "alto" désignant un nuage signifie qu'il se situe à une altitude moyenne, entre 2 000 m et 6 000 m. Les stratus se présentent en "couche" et les nimbus indiquent qu'il y aura de la pluie ou de la neige.

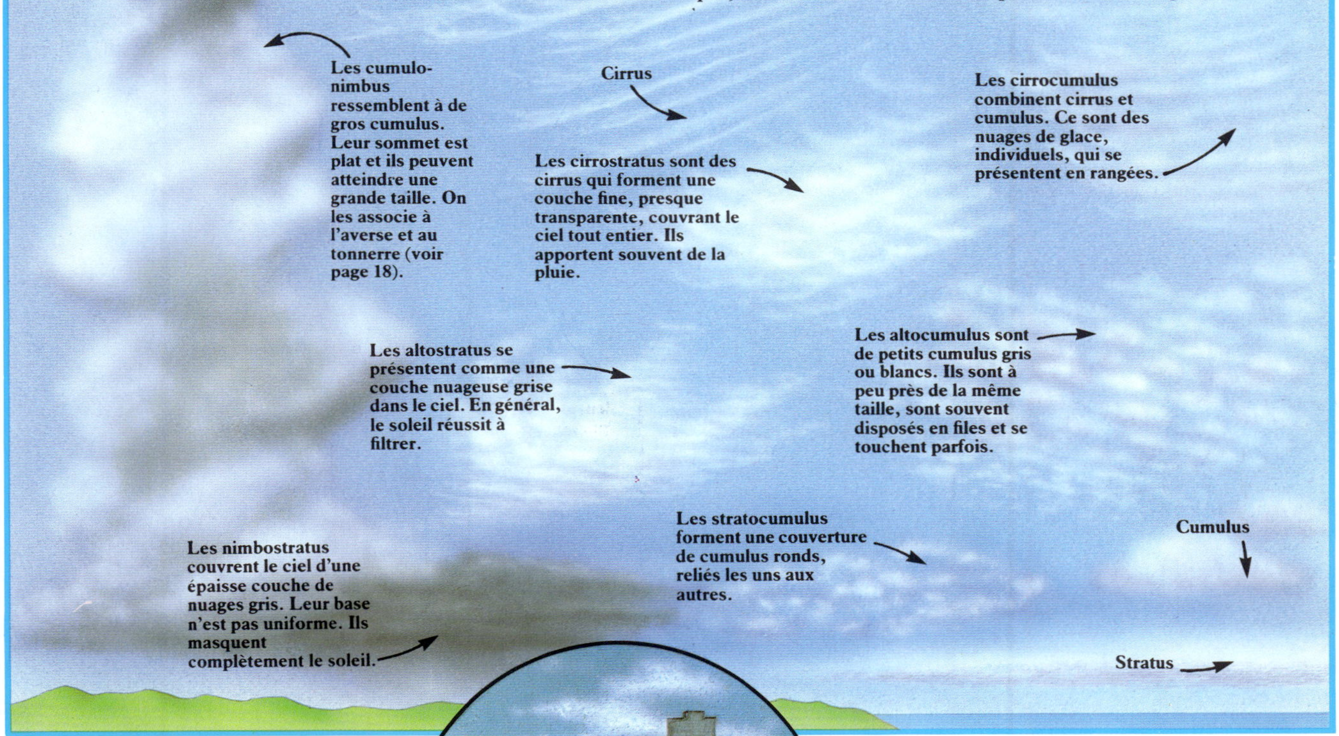


## Mesurer la couverture nuageuse

On mesure le nombre de nuages couvrant le ciel en octas. Le nombre d'octas indique la proportion de ciel couverte par les nuages. Les octas vont de 0 à 8 (8 octas signifiant que le ciel est complètement obscurci). Par exemple, un météorologue peut dire que la nébulosité du ciel est de 4 octas, c'est-à-dire que la moitié du ciel est bouchée.

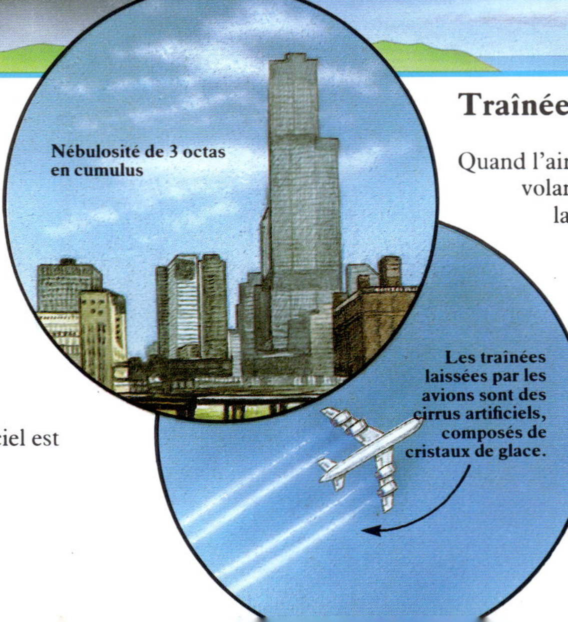


## Traînées d'avions

Quand l'air est très froid, les avions volant très haut dans le ciel laissent parfois derrière eux une traînée blanche. Le système d'échappement de l'avion émet en effet un mélange de gaz chauds contenant de grosses quantités de vapeur d'eau. Celle-ci se refroidit, se condense et gèle dans l'air froid, en formant de fines traînées nuageuses.

# De l'eau dans l'air

Dans l'air, selon la température, on trouve dans les nuages de l'eau sous forme de vapeur ou de gouttelettes ou encore sous forme de cristaux de glace (voir page 12). La température de l'air détermine aussi le type de précipitations: pluie, neige, grésil ou grêle.

## Pluie et neige

La température de l'air dans les nuages détermine la formation de pluie et de neige. Dans les zones tropicales, par exemple, où la température de la couche nuageuse est bien au-dessus du point de congélation (0 °C), la pluie se forme selon un processus appelé coalescence. Les nuages sont composés de millions de minuscules gouttelettes d'eau et, à mesure que ces gouttelettes se heurtent et se soudent entre elles, elles forment des gouttelettes plus grosses.

Peu à peu, les gouttelettes grossissent, puis deviennent trop lourdes pour rester ainsi dans le nuage, portées par des courants d'air: elles tombent alors en pluie.

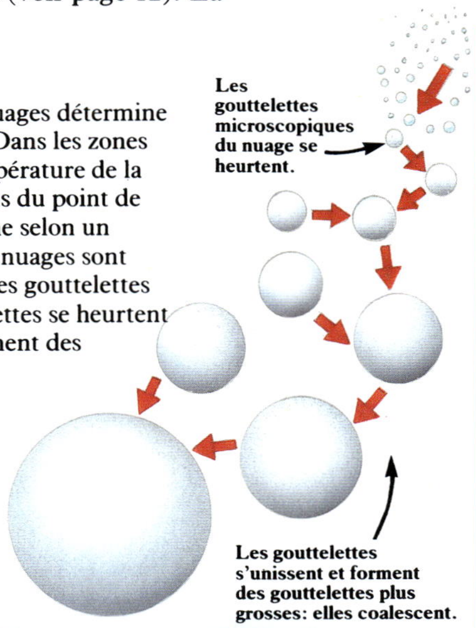


Dans les zones plus froides, les nuages s'étirent dans de l'air qui est en dessous du point de congélation. La base de ces nuages est composée de gouttelettes d'eau, tandis que plus haut on trouve des cristaux de glace et des gouttelettes d'eau spéciales, très froides. Ces gouttelettes existent sous forme d'eau même si la température est en dessous du point de congélation.

Deux processus interviennent dans ces nuages: en bas, celui de la coalescence et, plus haut, celui de l'accrétion. Lors de l'accrétion, les cristaux de glace attirent les gouttelettes d'eau très froides, qui gèlent sur eux. A mesure que les cristaux grossissent et se collent les uns aux autres, il se forme des flocons de neige. Quand ceux-ci sont trop lourds, ils tombent.

Dans les régions où la température de l'air près du sol reste en dessous du point de congélation, la neige tombe, mais si la température de l'air près du sol est en dessus du point de congélation, les flocons fondent et tombent en pluie. Le grésil est un mélange de flocons de neige et de gouttes de pluie.

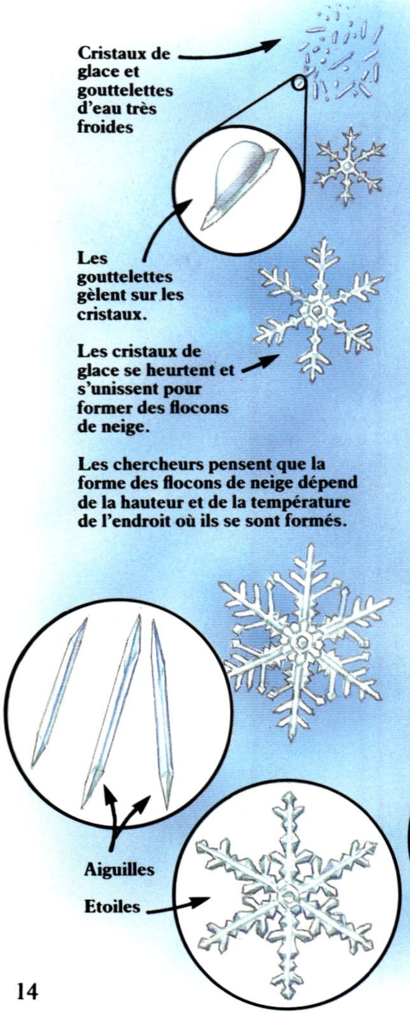


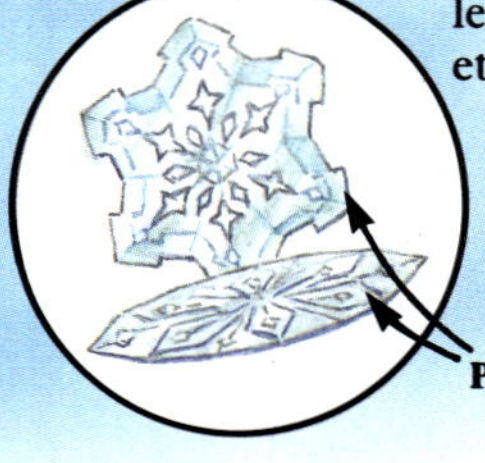


## La grêle

La grêle se forme dans les cumulonimbus (voir nuages, page 13), qui se déplacent accompagnés de forts courants d'air ascendants et descendants. Au sommet de ces nuages, la température est bien en dessous du point de congélation. A mesure que les cristaux de glace se bousculent dans le nuage, ils se heurtent aux gouttelettes d'eau très froides et s'enrobent rapidement de plusieurs couches de glace.

Les grêlons ainsi formés sont ballottés de haut en bas dans le nuage et ils s'enveloppent d'autres couches de glace. Puis, ils finissent par tomber, car ils sont trop lourds pour être portés par les courants d'air à l'intérieur du nuage.

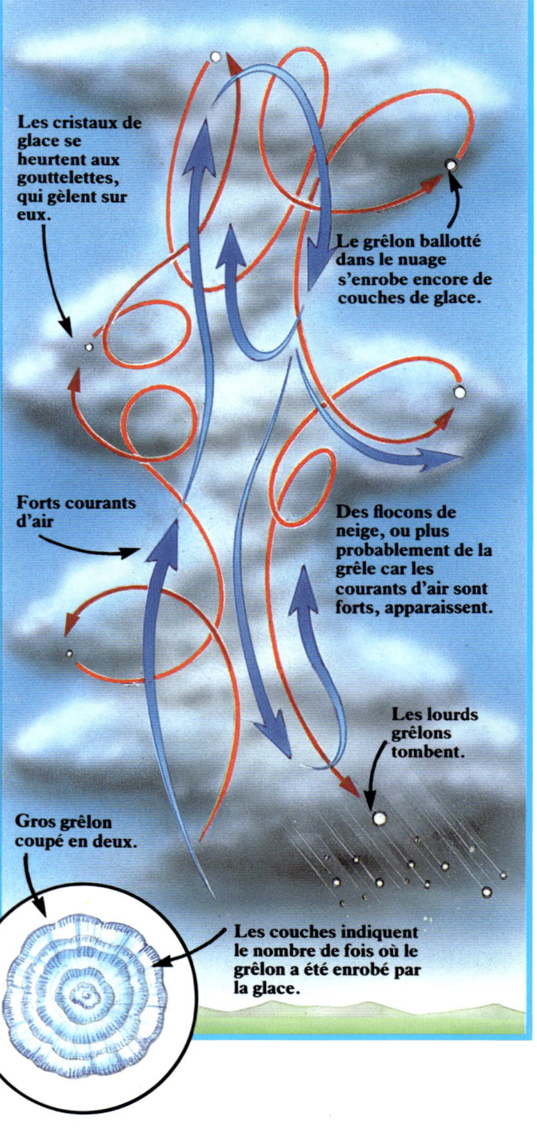

## Brumes et brouillards

Les brumes et les brouillards sont des nuages de surface, composés de minuscules gouttelettes d'eau. Comme les nuages, ils se forment quand la vapeur d'eau de l'air se condense à mesure qu'elle se refroidit en dessous de son point de rosée. Les nuages apparaissent quand l'air monte et se refroidit, tandis que le brouillard est dû à une couche épaisse d'air refroidie par la surface sur laquelle elle repose. De l'air chaud et humide qui se refroidit au-dessus d'une mer froide produit de la brume marine (voir page 22).

La différence entre brume et brouillard dépend de la densité du nuage et donc de la visibilité (possibilité de voir au loin). Le brouillard est plus dense que la brume, d'où une moins bonne visibilité (voir page 27).

## La rosée

La rosée apparaît quand de l'air directement en contact avec une surface froide se refroidit jusqu'à son point de rosée. En surface, la vapeur d'eau se condense en gouttelettes de rosée. On trouve toujours de la rosée là où il y a du brouillard, mais elle se forme aussi lorsque la nuit est claire et que la couche d'air touchant la surface atteint son point de rosée sans que ce soit le cas de l'air se trouvant immédiatement au-dessus d'elle.

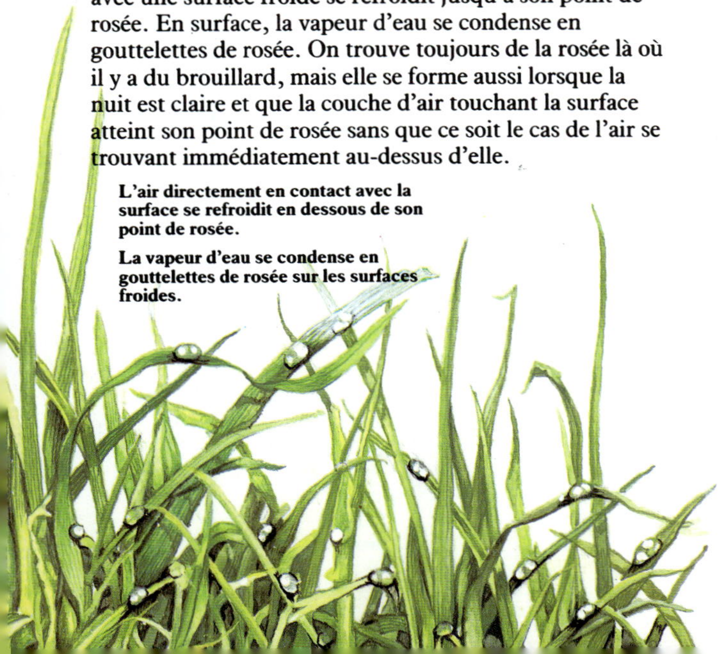


## Mesurer les chutes de pluie

La quantité de pluie ou de neige qui tombe se mesure avec un pluviomètre. Pour faire votre propre pluviomètre, il vous faut une grande bouteille plastique (avec un fond transparent et plat) et une règle.

**Comment faire:**

1. Avec une paire de ciseaux pointus, découpez précautionneusement le haut de la bouteille plastique (à environ 10 cm du goulot). ▶

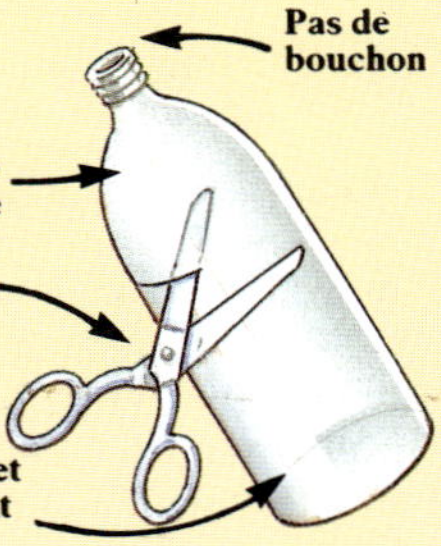


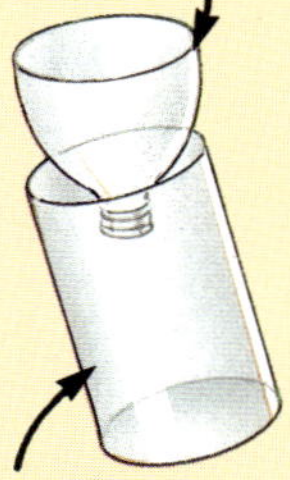


◀ 2. Placez le haut découpé de la bouteille, tête en bas, dans l'autre partie de la bouteille afin de former une sorte d'entonnoir qui conduira la pluie dans le réservoir ainsi créé. L'entonnoir sert aussi de barrière contre l'évaporation.

3. Enterrez la base de la bouteille dans le sol, dans un endroit dégagé, loin des arbres et des bâtiments. Avec une règle, mesurez la quantité de pluie tombée pendant un certain temps (chaque jour par exemple). ▶

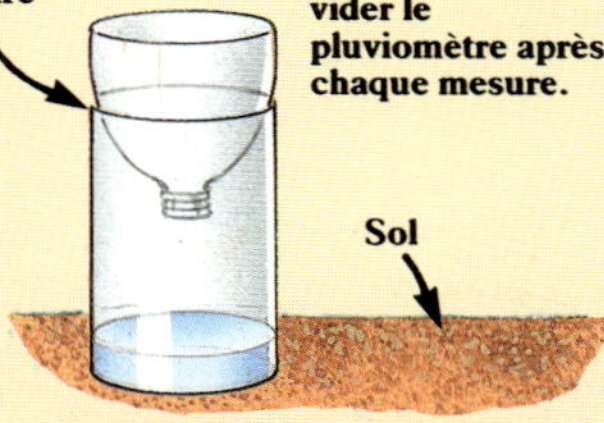


Pour mesurer la quantité de neige tombée, vous n'avez pas besoin de l'entonnoir (12 cm de neige = 1 cm d'eau).

## La gelée

Il gèle quand la température du sol est en dessous du point de congélation. Le type le plus courant de gelée est le givre ou gelée blanche. Il est composé de minuscules cristaux de glace, qui sont soit de la rosée gelée soit de la vapeur d'eau qui s'est transformée directement en glace au contact d'une surface gelée. La vapeur d'eau n'est pas passée par le stade liquide (gouttelettes de rosée).

# Anticyclones, dépressions et fronts

Les zones de basses et hautes pressions ne cessent de se déplacer à la surface de la Terre entraînant avec elles des masses d'air (voir pages 10-11). Cet air en mouvement apporte dans la zone touchée des caractéristiques propres à sa provenance. Quand deux masses d'air de caractéristiques différentes se rencontrent, elles ne se mélangent pas facilement, mais forment une frontière appelée front.

## Mouvement d'air autour des anticyclones et des dépressions

Les météorologues nomment les zones de hautes pressions, anticyclones, et les zones de basses pressions, dépressions ou cyclones.

Les vents de surface, éloignés d'un anticyclone et soufflant dans une dépression, circulent autour du centre de pression à cause de l'effet de Coriolis (voir page 9).

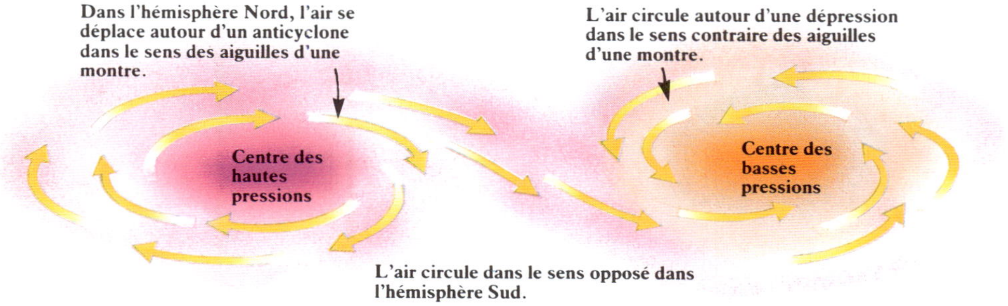


## Anticyclones et dépressions sur une carte météorologique

Les cartes météorologiques (voir page 28) indiquent les relevés de pression atmosphérique au niveau de la mer. Sur ces cartes, les lieux de pression égale sont joints par des lignes appelées isobares. Les vents de surface ne soufflent pas d'un anticyclone vers une dépression directement à travers les isobares. Au contraire, ils soufflent presque parallèlement aux isobares, car l'air s'enroule et se déroule autour des centres de hautes et de basses pressions (voir ci-dessus).

La pression moyenne de l'atmosphère est établie à 1013 mb*. Cependant, ce n'est pas de cette relation que dépendent les zones de basses et de hautes pressions, mais de leur relation à la pression des zones environnantes. Par exemple, une pression de 1008 mb représente une dépression, si les zones environnantes sont de 1032 mb, et un anticyclone, si les relevés environnants indiquent 996 mb.

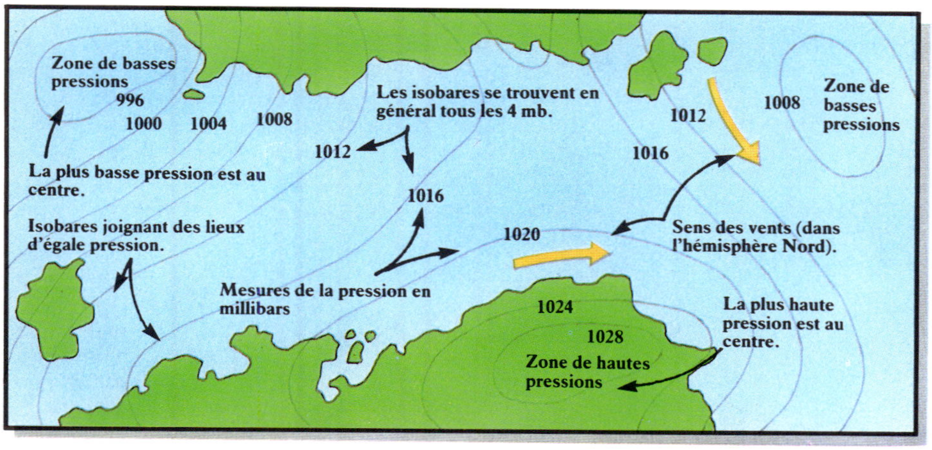


## La loi de Buys-Ballot

Cette loi démontre que dans l'hémisphère Nord, si vous êtes dos au vent, la pression sera inférieure sur votre gauche et supérieure sur votre droite. Dans l'hémisphère Sud, la basse pression est à droite.

## Fronts

Un front est une frontière entre deux masses d'air en mouvement ayant des températures et une humidité différentes. Le front principal se nomme front polaire: on le trouve autour des latitudes 60° N. et 60° S., où l'air froid du pôle rencontre l'air tropical plus chaud qui vient des régions équatoriales. Selon les endroits du front polaire, la masse d'air chaud pénètre dans la masse d'air froid ou au contraire, la masse d'air froid repousse l'air chaud. Cela est dû aux différences de pression le long du front.

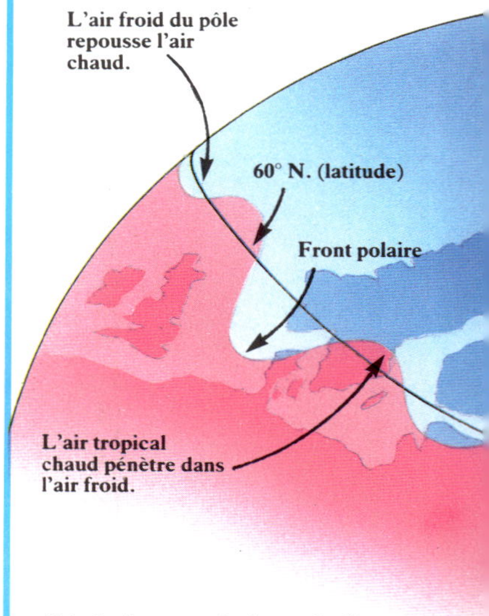


Généralement, le long du front, l'air chaud s'élève au-dessus de l'air froid. Il s'élève plus ou moins vite selon les endroits et forme des zones de basses pressions. Plus la différence de température entre l'air chaud et l'air froid est grande, plus l'air chaud monte rapidement. Les différences de température sont les plus élevées, là où une masse d'air a pénétré le plus profondément dans une autre. L'air monte encore plus vite là où il y a des vents de haute altitude (voir page 10).

* mb = millibars

## Fronts et pression

Là où l'air monte, le long du front polaire, il y a une chute de la pression. Pourtant, des centres individuels de basses pressions se forment là où l'air s'élève le plus rapidement, puisque ce sont les endroits qui possèdent la pression la plus basse comparée aux endroits qui les entourent. A cause de ces centres individuels, le front polaire ne présente jamais une ligne continue, mais une série de fronts individuels apparaissant dans les centres de basses pressions. On les appelle dépressions frontales. Les masses d'air chaud et froid environnantes sont attirées vers ces dépressions frontales puisque leur pression est au plus bas. Les vents ne soufflent pas directement dans ces zones de basses pressions (voir page 16), ce qui fait que l'air circule autour d'elles à mesure qu'il se déplace.

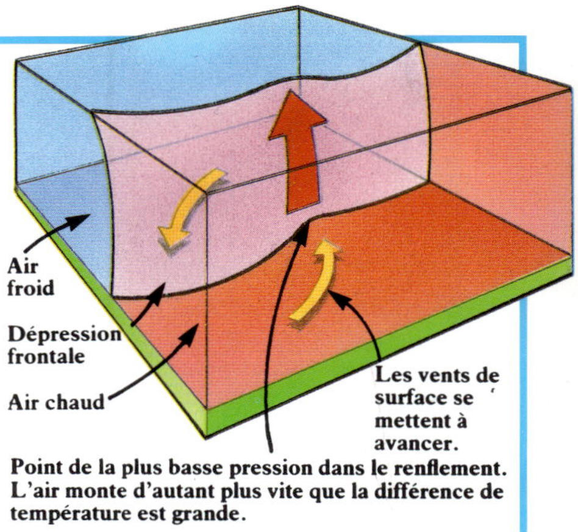


## Fronts chauds et froids

A mesure que les vents circulent autour d'une dépression frontale, ils apportent de l'air chaud dans une zone où l'air est plus froid, et inversement. Ce mouvement d'air forme des fronts froids et des fronts chauds (voir diagramme ci-dessous).

Une masse d'air froid qui pénètre une zone plus chaude donne un front froid. L'air froid pousse alors l'air chaud et le force à s'élever.

Une masse d'air chaud qui pénètre une zone pour remplacer l'air froid donne un front chaud. L'air chaud chevauche alors l'air plus froid.

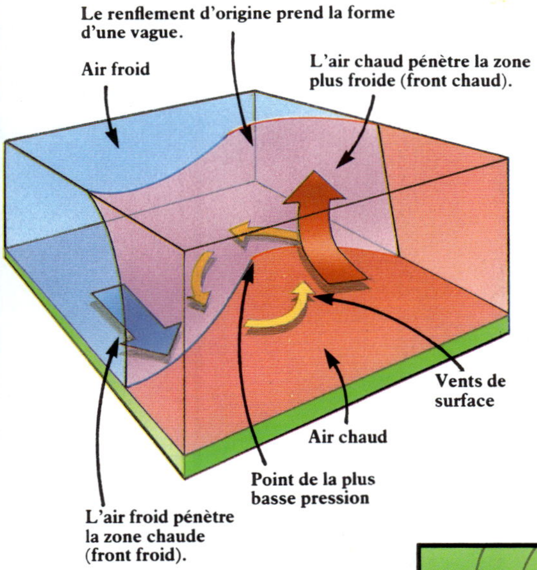


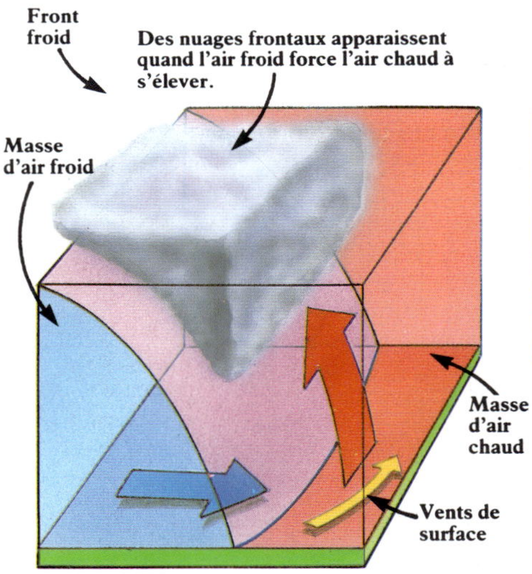


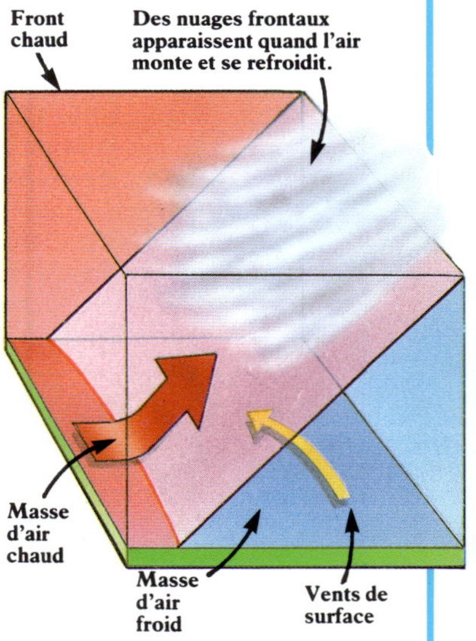


Sur une carte météorologique, une ligne parcourue de triangles représente un front froid.

Une ligne parcourue de demi-cercles indique un front chaud.

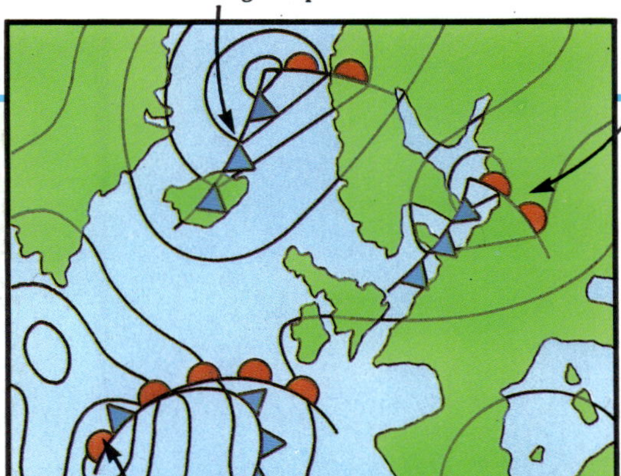

Sur une carte, des lignes avec des triangles et des demi-cercles indiquent des fronts occlus.

## Fronts occlus

Un front froid qui se déplace progressivement vers un front chaud, le rattrape et soulève l'air chaud au-dessus du sol est un front occlus. Cette poussée supplémentaire due à l'air froid qui soulève l'air chaud peut produire de très gros nuages, qui apporteront de fortes pluies.

## Temps changeant

Comme toutes les zones de pressions, les dépressions frontales ne sont pas fixes, mais se déplacent, poussées par les vents de haute altitude. Elles apportent généralement un temps instable sur toutes les régions qu'elles traversent. Les cirrus sont souvent les premiers signes annonçant qu'une dépression approche. Puis viennent ensuite d'autres nuages et de la pluie. Cependant, deux dépressions ne reproduisent jamais exactement les mêmes conditions météorologiques.

# Orages et cyclones

Les tempêtes combinent des vents forts à de la pluie, de la neige ou de la grêle, et se forment dans les zones de basses pressions. Sous certaines conditions, des tempêtes mineures se développent à l'intérieur des orages ou des ouragans, ce qui peut provoquer de gros dégâts dans les régions touchées.

## Orages

Un orage se forme quand de l'air humide et très chaud s'élève et pénètre de l'air froid au-dessus de la mer ou des terres. A mesure que l'air humide monte, la vapeur d'eau se condense et produit d'énormes cumulonimbus.

Les gouttelettes d'eau et les cristaux de glace des nuages se heurtent et se frottent les uns aux autres dans les forts courants d'air. Ils finissent par éclater. Cette action crée une charge électrique positive au sommet des nuages et une charge négative à leur base.

Quand la charge à la base des nuages atteint une certaine force, elle libère de l'énergie électrique et la transmet à travers la masse d'air à un autre point qui, lui, est d'une charge opposée (le sol, par exemple). Cette décharge électrique s'appelle le guide-éclair. Il charge l'air du chemin qu'il emprunte et permet ainsi à l'éclair principal de repartir dans le sens inverse, vers le nuage, en produisant le coup de tonnerre.

**Cumulonimbus**

En repartant, l'éclair principal échauffe l'air et le fait se dilater très rapidement. La dilatation de l'air produit le son que nous entendons, ou tonnerre.

**Le guide-éclair charge le chemin aérien qu'il emprunte.**

**L'éclair principal emprunte à son tour le même chemin en remontant vers le nuage et il produit de la lumière.**

**L'air se dilate très vite et produit le tonnerre.**

**Si l'orage est juste au-dessus de nous, nous entendons le tonnerre en même temps que nous voyons l'éclair.**

**Dans le cas contraire, nous voyons l'éclair plusieurs secondes avant d'entendre le tonnerre, car la lumière va plus vite que le son.**

**Les orages s'évanouissent quand les charges des nuages s'équilibrent.**

## Cyclones

Dans les zones tropicales, les orages peuvent se changer en tempêtes violentes avec des pluies torrentielles et des vents atteignant jusqu'à 300 km/h. Ces cyclones ou ouragans portent plusieurs noms selon les divers pays du monde: hurricanes sous les tropiques, typhons en Asie du Sud-Est et willy-willies en Australie.

Les hurricanes ne se rencontrent qu'au-dessus des mers tropicales entre le 5e parallèle Nord et le 20e parallèle Sud de l'équateur, où les températures marines sont au-dessus de 27 °C, c'est-à-dire où la chaleur et l'humidité sont à leur extrême.

**Principales zones où se développent des cyclones.**

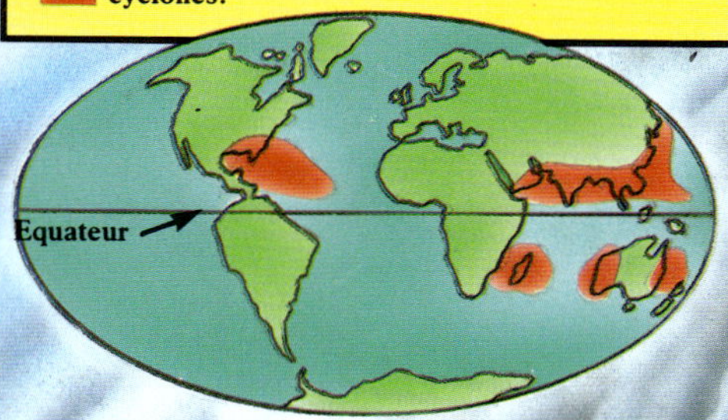


**A l'intérieur d'un cyclone**

**Des anneaux de cumulonimbus se forment autour du centre de l'ouragan. Ils se rejoignent au sommet qui peut se trouver en haut de la troposphère (voir page 5).**

**Un cyclone peut avoir 500 km de diamètre, couvrant une zone bien plus grande qu'un orage.**

**Pendant les cyclones, il y a souvent du tonnerre et des éclairs.**

## Le développement d'un cyclone

On ne sait pas exactement comment se développe un cyclone, car il y a toujours des masses d'air humide qui montent au-dessus des mers chaudes, mais on pense qu'une zone de pression extrêmement basse se déplaçant au-dessus de la mer peut le déclencher.
Comme la pression tombe rapidement, une zone de forts vents de surface se forme à mesure que de l'air est aspiré vers le centre de la dépression. Au centre, l'air accélère et monte en spirale. De vastes quantités de vapeur d'eau en suspension dans l'air montant se condense pour donner d'énormes cumulonimbus. En se condensant, la vapeur d'eau libère de grosses quantités de chaleur, ce qui fait monter l'air encore plus vite et augmente la vitesse des vents de surface.

## Le nom des cyclones

Chaque année, on établit des listes de noms masculins et féminins, qui seront donnés les uns après les autres aux tempêtes dont les vents atteignent plus de 199 km/h et sont assez puissantes pour être des cyclones.

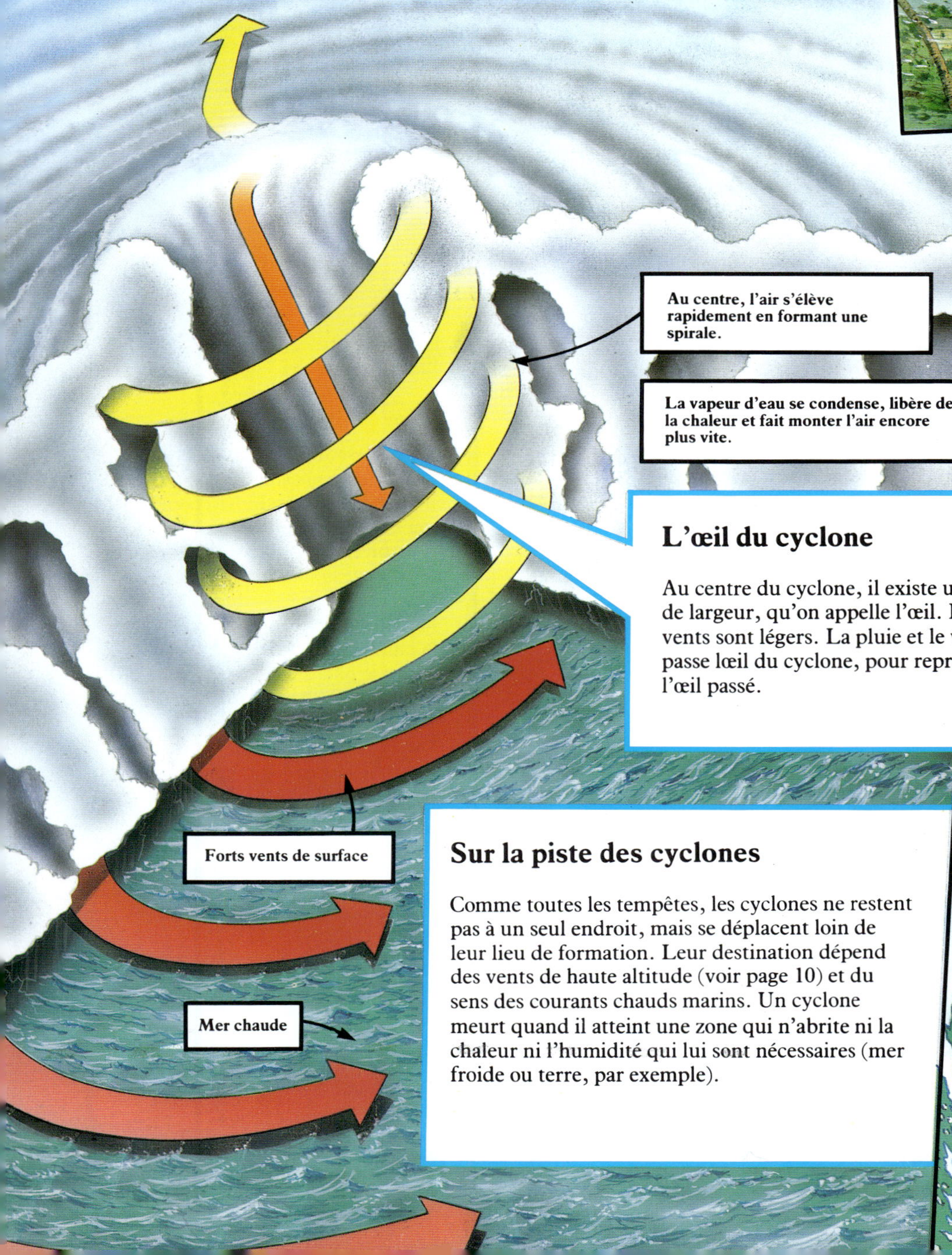


## L'œil du cyclone

Au centre du cyclone, il existe une colonne d'air de 30 à 50 km de largeur, qu'on appelle l'œil. Là, l'air chute lentement et les vents sont légers. La pluie et le vent cessent un instant, là où passe lœil du cyclone, pour reprendre de plus belle une fois l'œil passé.

## Sur la piste des cyclones

Comme toutes les tempêtes, les cyclones ne restent pas à un seul endroit, mais se déplacent loin de leur lieu de formation. Leur destination dépend des vents de haute altitude (voir page 10) et du sens des courants chauds marins. Un cyclone meurt quand il atteint une zone qui n'abrite ni la chaleur ni l'humidité qui lui sont nécessaires (mer froide ou terre, par exemple).

Les images satellites servent à détecter les tempêtes qui vont devenir des cyclones.

Les météorologues tentent de prévoir la route qu'empruntera un cyclone afin de prévenir les gens en danger.

# Conditions météorologiques extrêmes

Dans certaines régions les sécheresses et les inondations sont exceptionnelles. Au contraire, dans d'autres endroits, ces conditions extrêmes se rencontrent tous les ans et font partie du climat.

## La sécheresse

On dit qu'il y a sécheresse quand moins de 0,2 mm de pluie (ou d'une autre précipitation) est tombé sur une période d'au moins 15 jours. Une sécheresse peut être due à un anticyclone bloquant le passage de dépressions porteuses de pluie sur une région (voir page 21) ou à un manque de végétation dans une région déjà très aride (voir à droite).

## Les inondations

Les inondations peuvent avoir plusieurs causes: la quantité de pluie qui tombe peut être trop élevée pour être absorbée par la terre; le niveau de la mer peut monter; les terres peuvent être balayées par des vagues de tempête; la neige peut fondre si les températures s'élèvent rapidement et faire déborder les rivières.

## Les moussons

Le terme de mousson désigne deux systèmes de vents des pays tropicaux (Inde, Asie du Sud-Est), qui soufflent dans des directions pratiquement opposées selon les saisons. La combinaison des températures et des pressions extrêmes dans ces régions ainsi que la position de la terre et de la mer produisent des conditions météorologiques extrêmes.

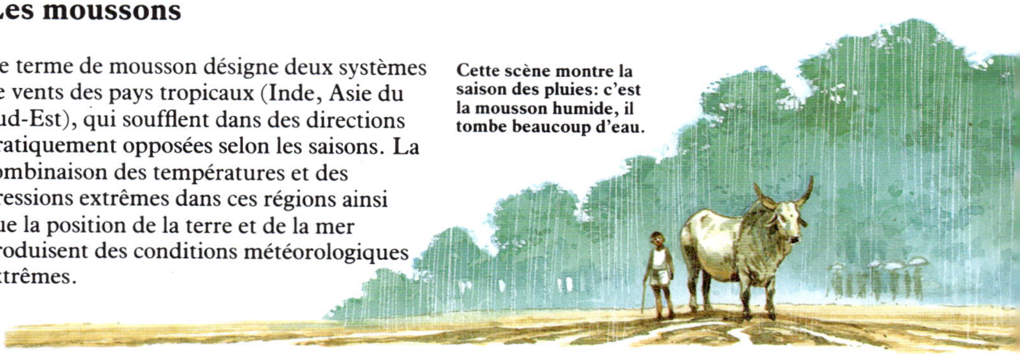

Cette scène montre la saison des pluies: c'est la mousson humide, il tombe beaucoup d'eau.

Lors de la mousson sèche, les vents comme la saison sont secs. Lors de la mousson humide, les vents apportent beaucoup de pluie et la saison est humide.

Par exemple, en Inde, la mousson humide souffle lorsque le soleil brille presque juste au-dessus des terres et que la bande équatoriale de basses pressions ou Zone de Convergence InterTropicale (ZCIT, voir page 9) est le plus au nord. La terre devient très chaude et de vastes quantités d'air s'élèvent en laissant une pression inférieure à la surface. Les vents chargés d'humidité viennent alors de l'océan Indien pour remplacer cet air montant. De nombreux endroits reçoivent jusqu'à 3 000 mm de pluie au cours de la saison des pluies.
La saison sèche commence quand le soleil n'est plus directement au-dessus des terres et que la bande équatoriale de basses pressions est le plus au sud. Cette zone de basses pressions oblige les vents à souffler des hautes pressions au-dessus des terres vers la bande équatoriale. Les vents sont secs, car ils ont voyagé longtemps au-dessus des terres.

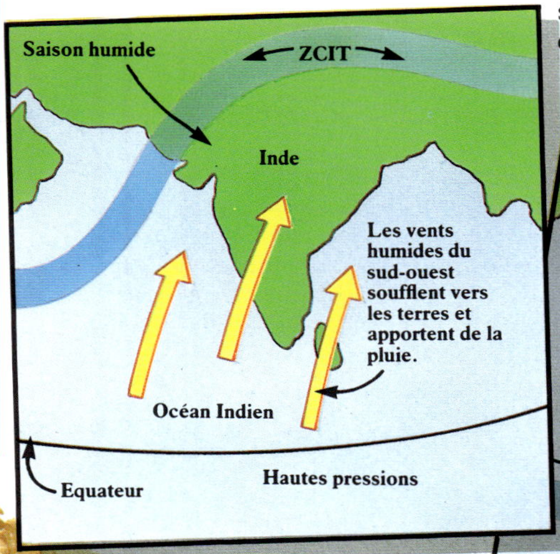


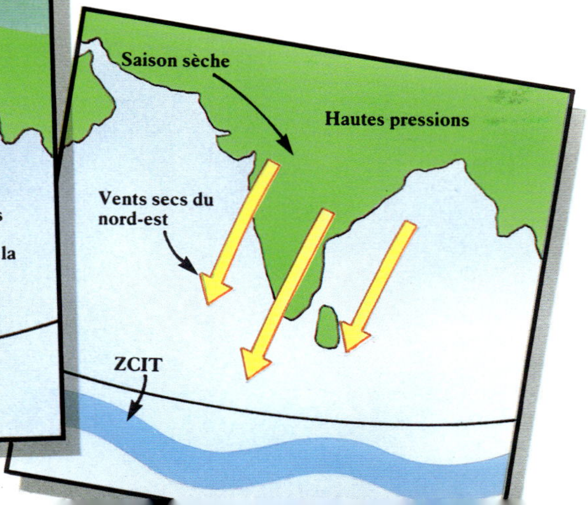

## Mesurer l'humidité de l'air

Pendant la mousson humide, l'humidité de l'air (voir page 12) est très élevée. On la mesure parfois avec un psychromètre, instrument composé de deux thermomètres à boules humide et sèche. Pour fabriquer un tel instrument, il vous faut 2 thermomètres allant de 0 °C à 35 °C environ, du coton, 2 élastiques et un petit bol d'eau.

**Comment faire:**

1. Enveloppez la boule de chaque thermomètre dans du coton (même quantité pour les deux thermomètres) tenu par un élastique. ▶

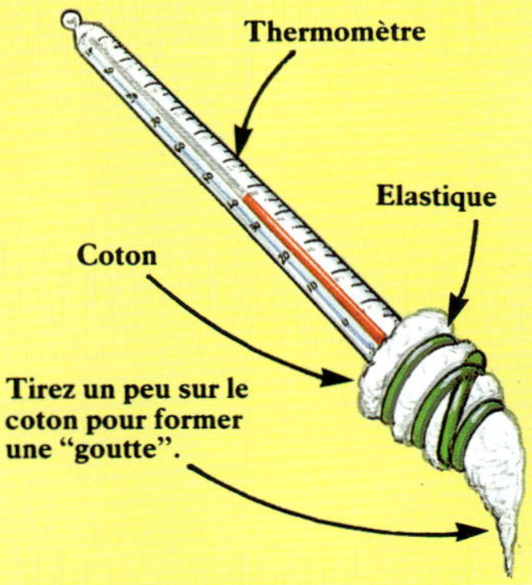


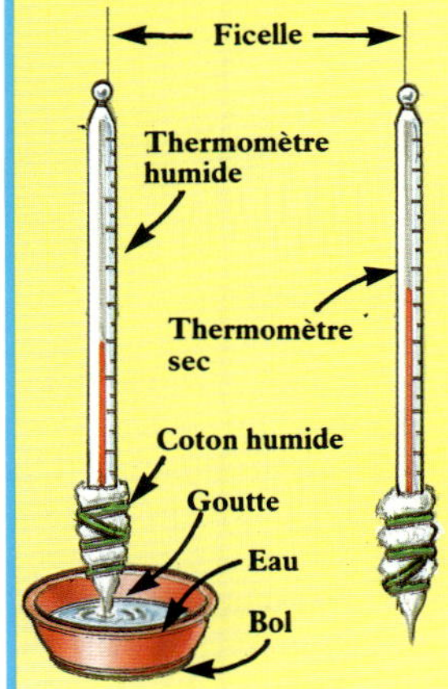


◀ 2. Ficelez l'autre bout de chaque thermomètre. Accrochez-les dehors, à l'ombre, avec des punaises. Placez un bol d'eau sous l'un des thermomètres de façon que sa "goutte" trempe dans l'eau.

3. Au bout de 30 minutes, lisez les thermomètres. Calculez la différence entre les deux températures et servez-vous du diagramme ci-dessous pour connaître l'humidité de l'air.

L'évaporation de l'eau du coton consomme de la chaleur: la température du thermomètre humide est donc inférieure à celle du thermomètre sec. Si l'air contient beaucoup de vapeur d'eau, moins d'eau s'évapore, et la différence de températures entre les deux thermomètres est plus petite: la mesure de l'humidité est plus élevée.

On mesure l'humidité en pourcentage. Un air comportant 100% d'humidité est très humide et moite.

| Température du thermomètre sec ▼ | Différence entre les thermomètres à boules humide et sèche ▼ | | | | | | | | | |
|---|---|---|---|---|---|---|---|---|---|---|
| | 1°C | 2°C | 3°C | 4°C | 5°C | 6°C | 7°C | 8°C | 9°C | 10°C |
| 10-14°C | 85 | 75 | 60 | 50 | 40 | 30 | 15 | 5 | 0 | 0 |
| 15-19°C | 90 | 80 | 65 | 60 | 50 | 40 | 30 | 20 | 10 | 5 |
| 20-25°C | 90 | 80 | 70 | 65 | 55 | 45 | 40 | 30 | 25 | 20 |

◀ Humidité (%)

## Les anticyclones bloquants

Les régions situées environ à 60° nord et sud de l'équateur connaissent généralement un temps changeant, car les vents de haute altitude (voir page 10) leur envoient des zones de hautes et basses pressions. Le tracé onduleux emprunté par ces vents et la position de ces ondulations changent fréquemment, entraînant des dépressions et des anticyclones qui modifient le temps.

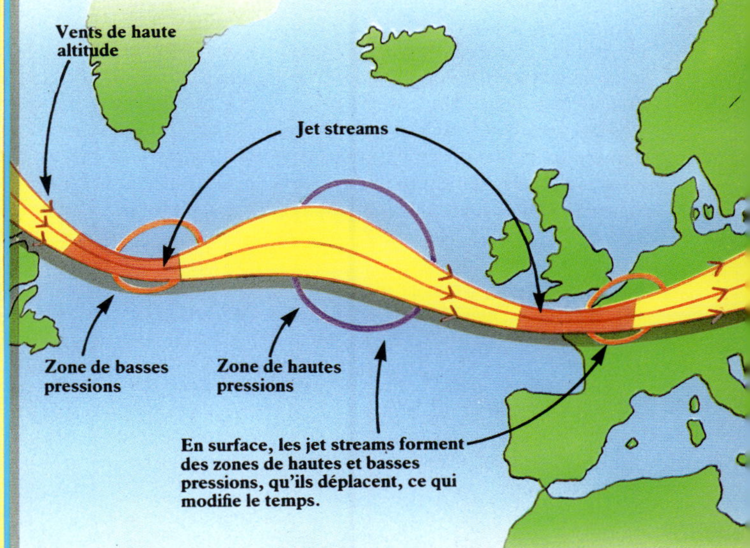


Parfois, le mouvement des zones de basses pressions est bloqué par une zone de hautes pressions qui reste au même endroit pendant longtemps et empêche tout changement dans le temps plusieurs jours ou semaines de suite. Ces zones de hautes pressions sont appelées anticyclones bloquants.

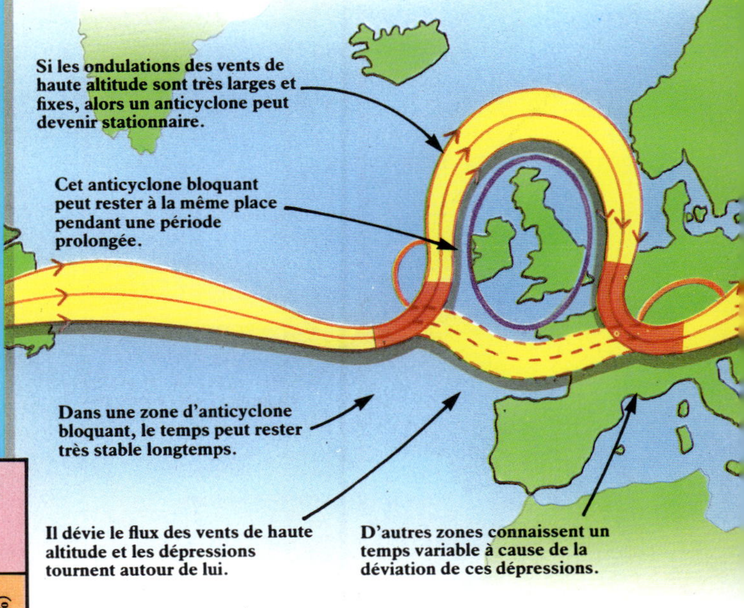


Les anticyclones bloquants peuvent persister plusieurs jours, voire plusieurs semaines: le temps peut alors être soit froid, avec de la glace et de la neige en hiver, soit très chaud et sec, avec des risques de sécheresse, en été.

# Les climats locaux

Les zones côtières et montagneuses connaissent souvent des variations locales de températures, de vents et de précipitations. Cela ne semble pas être en relation avec les conditions météorologiques générales des régions englobant ces zones. De même, les villes ont souvent un temps différent des régions environnantes (voir page 34).

## Brise de terre et brise de mer

Les zones côtières sont caractérisées par une circulation d'air locale, dite brise de terre et brise de mer, qui souffle jusqu'à 30 km à l'intérieur des terres. Ces brises n'empruntent pas forcément la même direction que les vents soufflant sur le reste du pays ce jour-là.

Les surfaces terrestres et marines s'échauffent et se refroidissent à des vitesses différentes (voir page 11).

Les brises de mer apparaissent les jours de haute pression, quand la terre s'échauffe rapidement. L'air monte au-dessus de la terre en laissant une zone locale de pressions relativement basses. Puis, cet air se dilate en rencontrant l'air à plus haute pression qui descend tandis que l'air à la surface de la mer se déplace pour aller remplacer l'air montant. Ce mouvement d'air à la surface forme la brise de mer, qui souffle vers la terre.

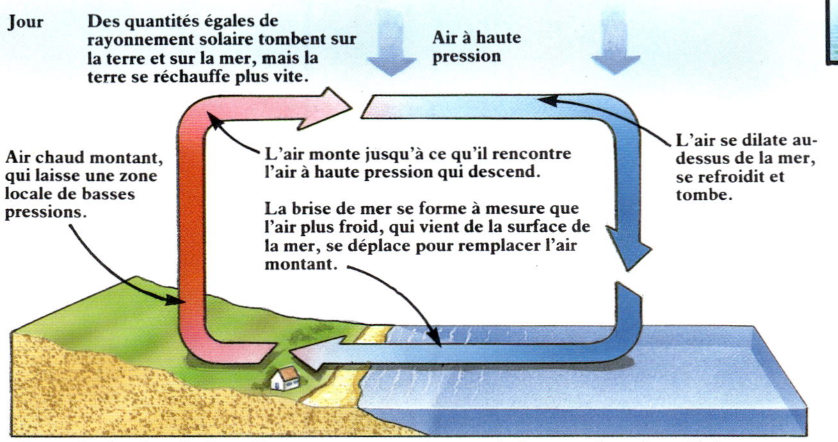


La nuit, la circulation s'inverse, car une plus basse pression se forme au-dessus de la mer chaude et l'air est chassé vers la mer.

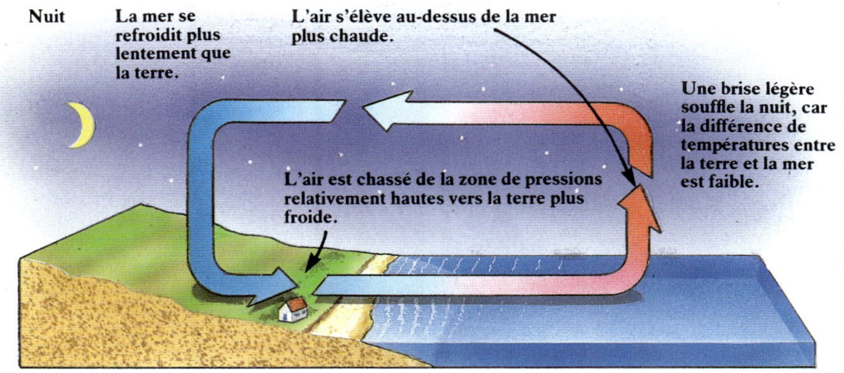


Les brises de terre et de mer ne se forment pas tous les jours. Par exemple, si le ciel est nuageux, les surfaces terrestres et marines reçoivent moins de rayonnement solaire, donc la différence des températures entre les deux surfaces est trop faible pour débuter la circulation de l'air.

## Brouillard côtier

On peut trouver du brouillard sur les côtes, quand le soleil ne brille que sur une petite portion de terre. Le brouillard marin se forme quand des vents venant d'une région chaude soufflent vers la côte et parcourent la surface froide de la mer. L'air chaud est refroidi en dessous de son point de rosée et produit alors du brouillard (voir page 15).

## Courants océaniques

L'eau voyage autour des océans du monde sous la forme de courants, qui suivent le mouvement général des vents dominants les ayant formés (voir page 9). Lorsqu'un vent souffle régulièrement dans une direction pendant longtemps, l'air en mouvement entraîne la surface de l'eau, créant ainsi un courant. Les vents permettent aux courants de circuler en un flux régulier.

Les courants océaniques sont soit chauds soit froids, selon l'endroit de leur formation. Ils changent la température de l'air au-dessus d'eux, apportant de l'air chaud ou froid là où ils passent.

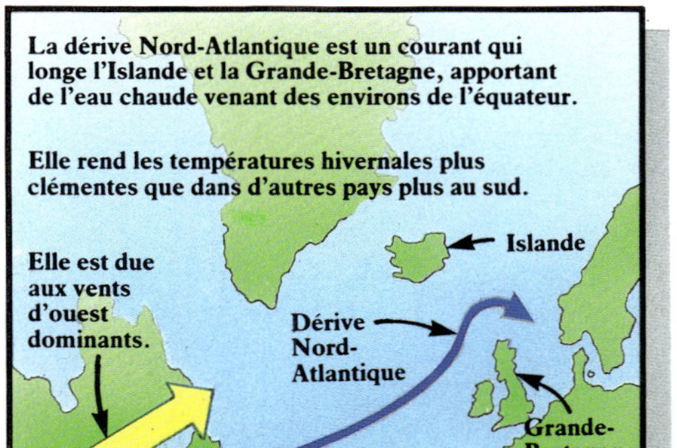

## Les vents de vallée

Souvent, dans une vallée, le temps est différent de celui des environs. Par exemple, par nuit calme et claire, du brouillard apparaît dans la vallée et des vents venus des montagnes ou des collines soufflent légèrement dans le fond de la vallée. Le jour, des vents locaux se mettent parfois à souffler dans l'autre sens, en remontant les pentes de la vallée.

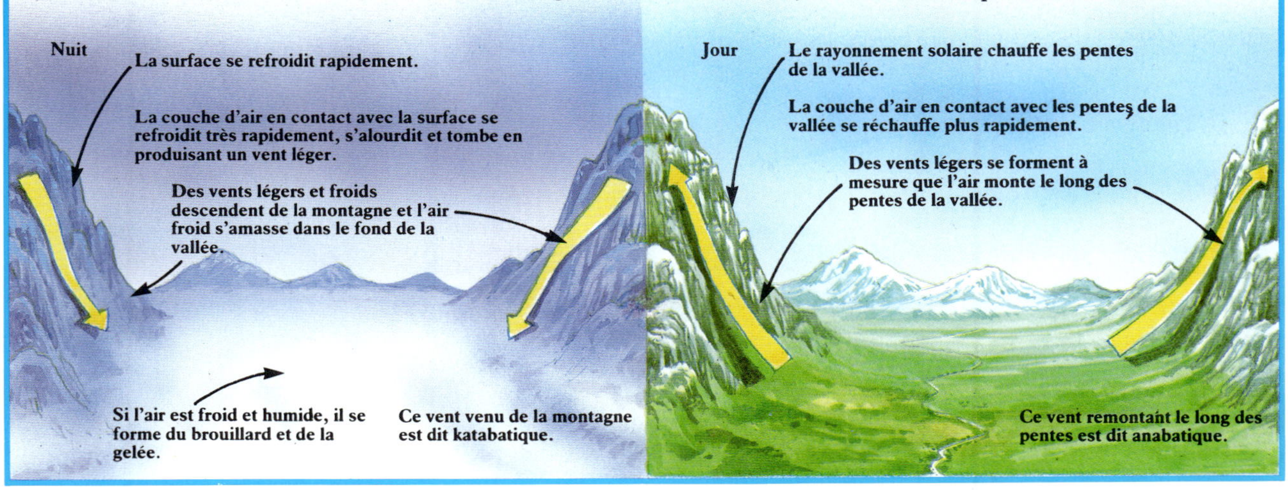


## Les arcs-en-ciel

Un arc-en-ciel est un effet d'optique isolé dû à la réfraction (courbure) des rayons du soleil et à leur réflection à mesure qu'ils traversent les millions de gouttes d'eau de la pluie. Un arc-en-ciel se produit quand il pleut et fait soleil à la fois.

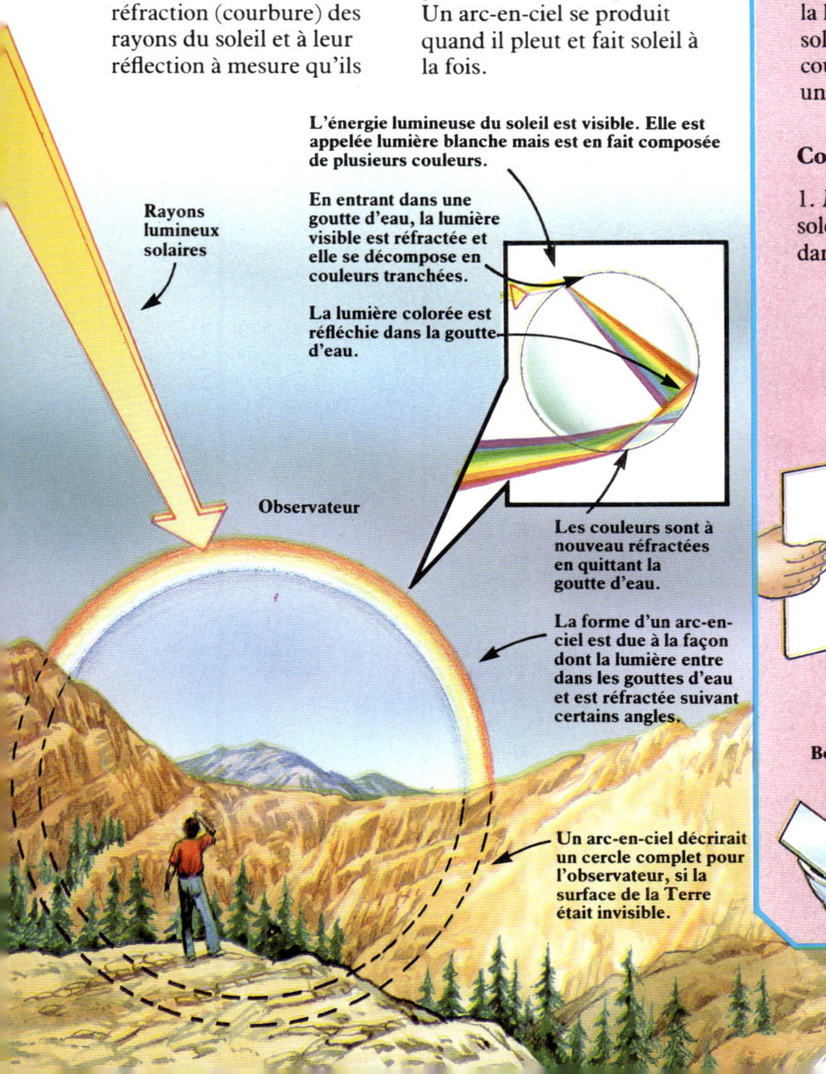


## Les couleurs de l'arc-en-ciel

Il est possible de séparer la lumière visible du soleil en plusieurs couleurs, comme dans un arc-en-ciel. Pour cela, il faut un bol d'eau, un morceau de carton blanc, un petit miroir et... qu'il fasse beau.

**Comment faire:**

1. Mettez le bol d'eau au soleil. Inclinez le miroir dans le bol.

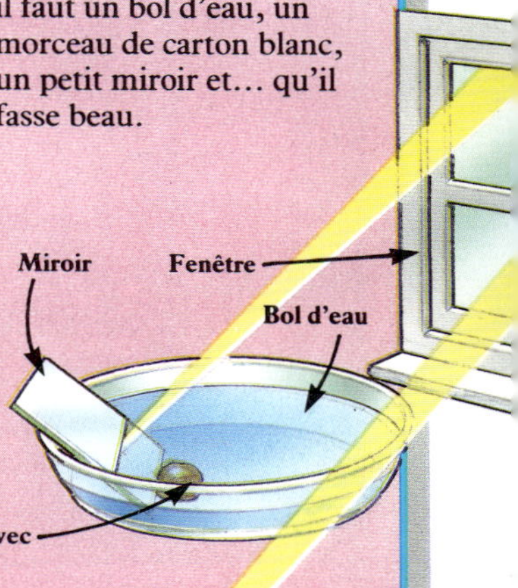


2. Ajustez l'angle du miroir de façon qu'un fort rayon de soleil frappe sa surface. Déplacez le carton devant le bol jusqu'à ce qu'un arc-en-ciel s'y réfléchisse.

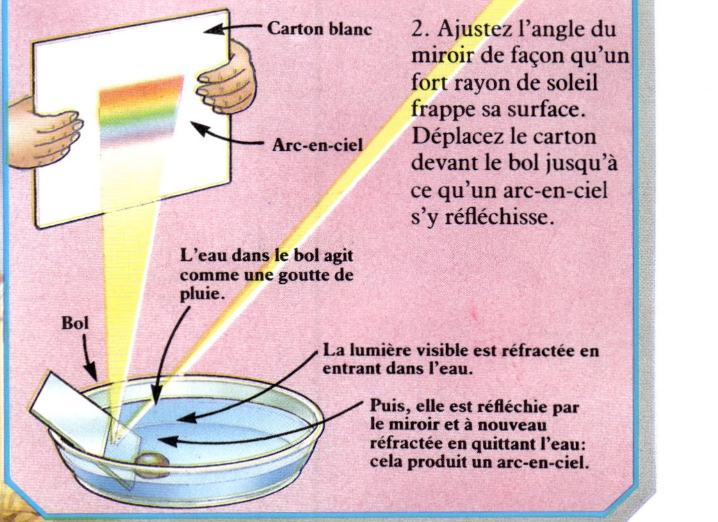

# L'observation météorologique

Pour prévoir le temps qu'il fera, les météorologues se servent d'informations recueillies tout autour du monde. Ces informations, fondées sur des observations faites le même jour à la même heure par des stations météorologiques (ou autres), nécessitent des moyens variés.

## Les stations météorologiques

Dans ces stations, des observateurs utilisent une grande variété d'instruments pour mesurer la vitesse du vent, la température de l'air et la pression et observer les nuages. Ils notent également le temps en général, s'il est pluvieux ou brumeux, par exemple.

**Les méthodes et les équipements utilisés dans chaque station sont normalisés, afin que l'observation du temps se fasse partout de la même façon.**

**Les températures de l'air se mesurent à l'aide de thermomètres, à l'intérieur d'un écran de Stevenson. Sur les côtés, les volets permettent à l'air de passer librement, mais protègent les thermomètres de la lumière directe du soleil.**

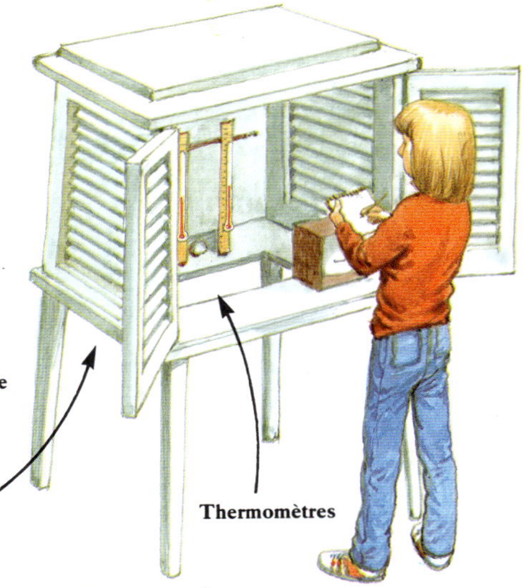


## Les avions et les bateaux

Quand il n'y a pas de station météorologique, l'information est recueillie par de nombreux avions et bateaux, qui, comme les stations météorologiques automatiques (voir ci-dessous), possèdent des instruments enregistrant les différentes données du temps qu'il fait sur leur trajet.

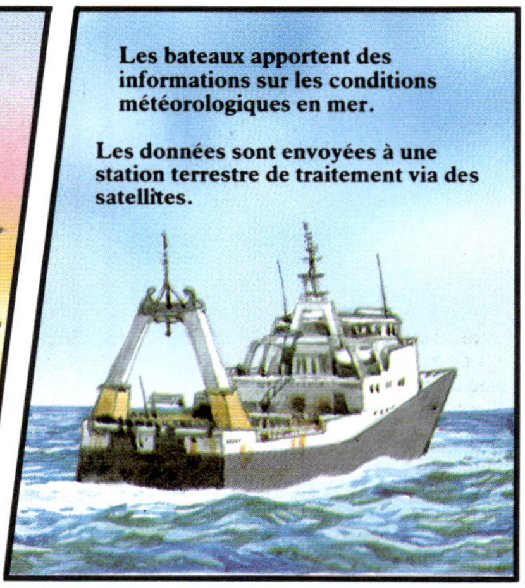


## Les radiosondes

Les radiosondes sont des instruments qui enregistrent la température, l'humidité et la pression, à différentes altitudes au-dessus du sol. Ils sont lâchés haut dans le ciel à l'aide de ballons.

La vitesse, la direction et l'ascension du ballon indiquent la force et le sens des vents. A mesure que le ballon s'élève dans l'atmosphère, la radiosonde relève la température, l'humidité et la pression. Les radiosondes émettent des signaux qui sont transmis à des stations de traitement des données situées au sol.

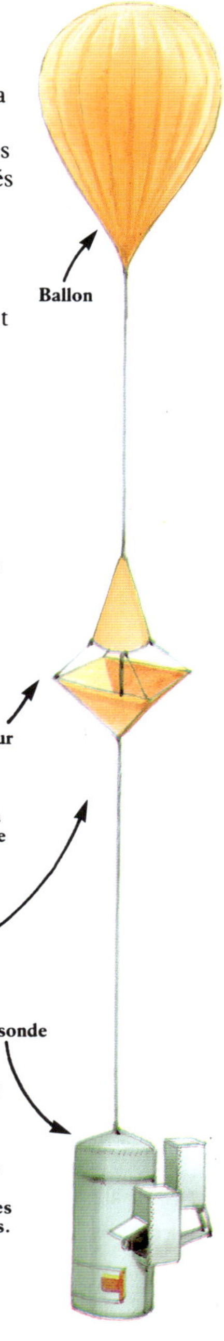


**Il faut environ 1 heure à un ballon pour s'élever de 20 km.**

**Il continue à monter jusqu'à ce que la pression de l'air environnant devienne si faible, que le ballon éclate.**

**Lorsque le ballon a éclaté, un petit parachute s'ouvre et la radiosonde tombe au sol.**

**Les stations météorologiques lâchent des radiosondes deux fois par jour.**

**Beaucoup de sondes se perdent; elles tombent dans la mer ou dans des régions éloignées. Parfois, des gens les trouvent et les rapportent aux stations.**

## Stations météorologiques automatiques

On les trouve, par exemple, dans les régions montagneuses ou polaires, là où il serait difficile à un observateur de rester en permanence. Les ordinateurs sont programmés pour faire des relevés, à l'aide d'instruments météorologiques, toutes les heures.

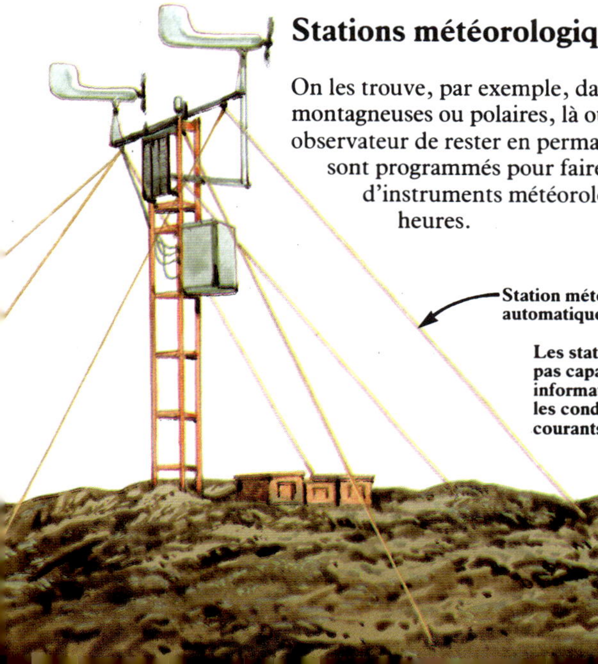

**Station météorologique automatique en Antarctique.**

**Les stations automatiques ne sont pas capables de fournir des informations sur les types de nuages, les conditions météorologiques des courants ou la visibilité.**

## Les satellites météorologiques

Ils fournissent des informations essentielles sur la position et le mouvement des systèmes météorologiques et nuageux autour du globe. Il existe deux types de satellites météorologiques en orbite autour de la Terre.

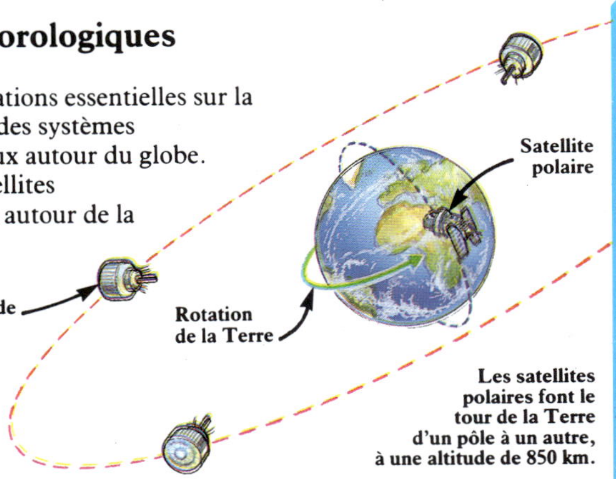


**Les satellites géostationnaires tournent à 36 000 km au-dessus de l'équateur.**

**Les satellites géostationnaires font un tour complet de la Terre en 24 heures, c'est-à-dire le temps qu'il faut à la Terre pour tourner autour de son axe. Comme ils se déplacent en même temps que la Terre, ils effectuent toujours leurs mesures au-dessus du même point de la Terre.**

**Les satellites polaires font le tour de la Terre d'un pôle à un autre, à une altitude de 850 km.**

**Il faut environ 100 minutes à un satellite polaire pour faire le tour de la Terre, en passant au-dessus de l'Antarctique et de l'Arctique. Chaque fois qu'il termine une orbite, la Terre a tourné de 25°. Une bande différente de la surface terrestre est donc contrôlée lors de chaque orbite.**

## Les images satellites

Les satellites météorologiques transportent des instruments, appelés radiomètres, qui sont sensibles à l'intensité de la lumière réfléchie ou de la chaleur. Cette information est transformée en images dans les stations de traitement des données. Les satellites sont utiles pour localiser et suivre la trace des systèmes météorologiques, surtout au-dessus des océans.

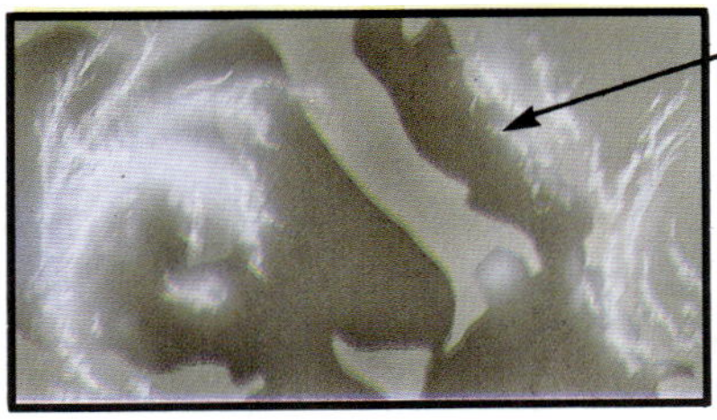

**Image satellite visible**

**Des surfaces différentes (haut des nuages, terre, eau, glace) réfléchissent des quantités différentes de lumière solaire. Ces quantités apparaissent dans des tons variés de blanc ou de gris. De telles images ne peuvent être prises de nuit, car il n'y a alors pas de lumière.**

**Image satellite infrarouge**

**Les images infrarouges sont produites à partir des mesures de chaleur et non pas de lumière. Les températures des différentes surfaces sont enregistrées afin de produire ces images. Les images infrarouges de la Terre sont prises de jour comme de nuit.**

## Les radars

Les radars météorologiques servent à localiser les endroits où il pleut, grêle ou neige, et avec quelle intensité. Les systèmes radars émettent des ondes qui heurtent les gouttes de pluie et reviennent par réflection, comme des échos, vers une antenne parabolique. Puis, l'information est envoyée, généralement via un satellite, vers une station de traitement qui la convertit en image.

**Les images radar comportent des codes de couleur qui montrent où il pleut le plus.**

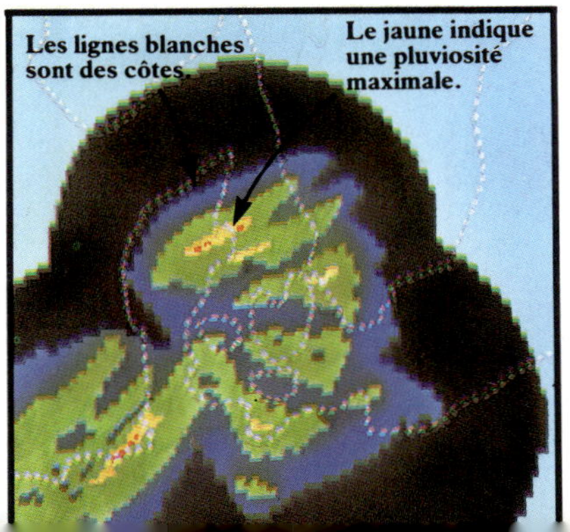


## Une girouette

Toutes les stations météorologiques comportent une girouette qui indique la direction du vent. Pour faire une girouette, il vous faut du carton fin, du papier adhésif pour couvrir les livres, une perche d'1 m de long et de 5 mm de diamètre, de la colle, du scotch, deux cavaliers et un bouchon de stylo.

**Comment faire:**

1. Dessinez une girouette sur le carton et découpez-la. Couvrez un des côtés avec du papier adhésif et tracez une ligne au milieu, dans la longueur.

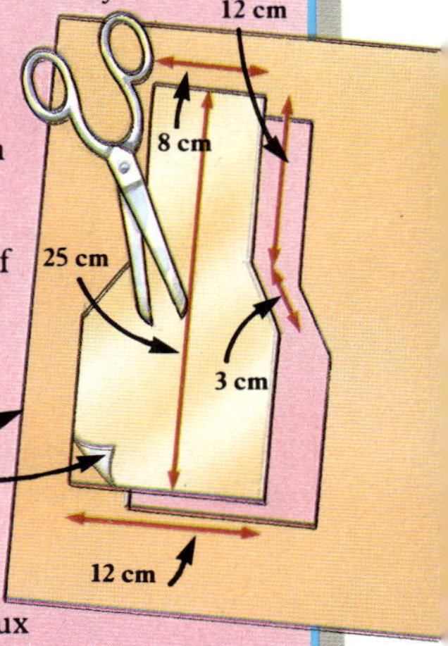


2. Pliez la girouette en deux le long de la ligne. Collez les deux moitiés ensemble (côtés couverts de papier adhésif à l'extérieur) et découpez le bout le plus étroit pour faire une flèche. Scotchez le bouchon de stylo à la girouette.

3. Demandez à quelqu'un de tenir la perche le long d'un poteau en bois et fixez-la à l'aide de cavaliers pour qu'elle ne tourne pas.

**Placez la girouette au sommet de la perche. Elle doit tourner librement.**

4. Cherchez des points de référence (arbres, murs) pour le nord, le sud, l'est et l'ouest, avec une carte ou une boussole. Le vent fait tourner la flèche de la girouette dans la direction d'où il souffle.

**Rappelez-vous qu'un vent est toujours nommé d'après la direction d'où il souffle.**

**Si la flèche indique l'est, le vent souffle d'est en ouest: c'est un vent d'est.**

# Construire sa propre station météorologique

Dans le monde entier, des professionnels observent et enregistrent régulièrement les conditions météorologiques. Vous pouvez vous aussi faire des observations quotidiennes à l'aide d'instruments simples, les noter sur un calepin et ainsi monter votre propre station météorologique locale.

## Le choix du site

Il est très important que l'équipement utilisé pour enregistrer les différentes conditions météorologiques ne soit pas affecté par l'environnement. Il vaut mieux le placer dans un endroit relativement dégagé, loin des arbres et des hauts bâtiments.

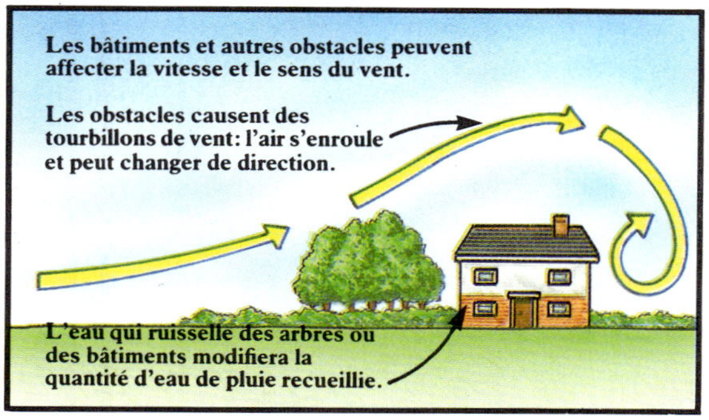


## La température

Les températures relevées dans les stations météorologiques sont prises à l'ombre (voir page 24). Accrochez votre thermomètre sur une barrière ou un mur situés à l'ombre.

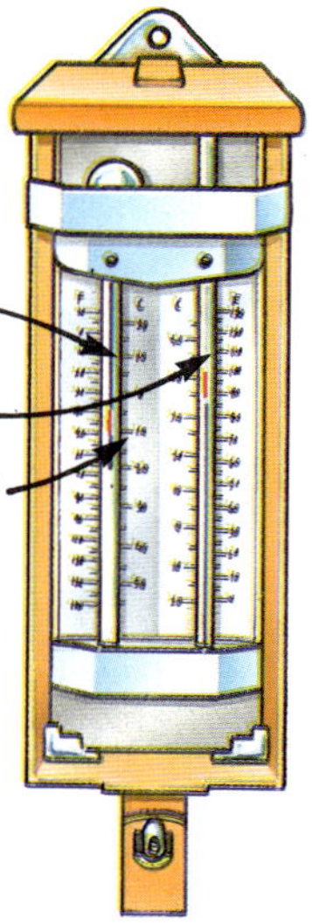


## La direction et la vitesse du vent

On mesure la direction du vent avec une girouette (voir page 25), que l'on prendra soin de placer loin d'un obstacle. On mesure généralement la vitesse du vent avec un anémomètre, mais on peut utiliser d'autres instruments (voir ci-dessous).

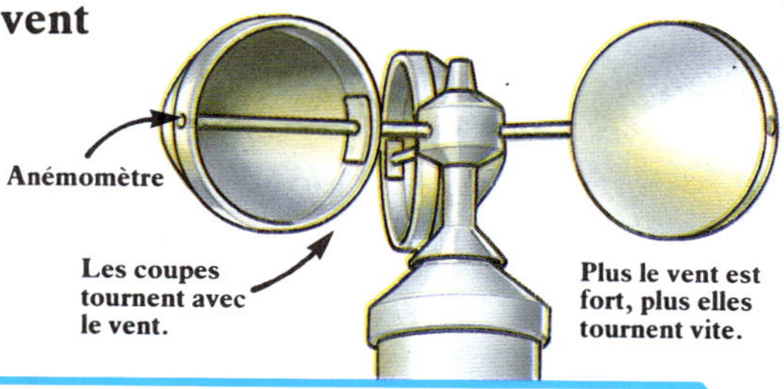


## Mesurer la vitesse du vent

Pour mesurer la vitesse du vent dans votre station météorologique, vous pouvez utiliser une boîte à vent. Pour cela, il vous faut une boîte à chaussures, du ruban adhésif, du carton fin, une aiguille à tricoter, un rapporteur d'angles, un film plastique et un stylo-encre fin.

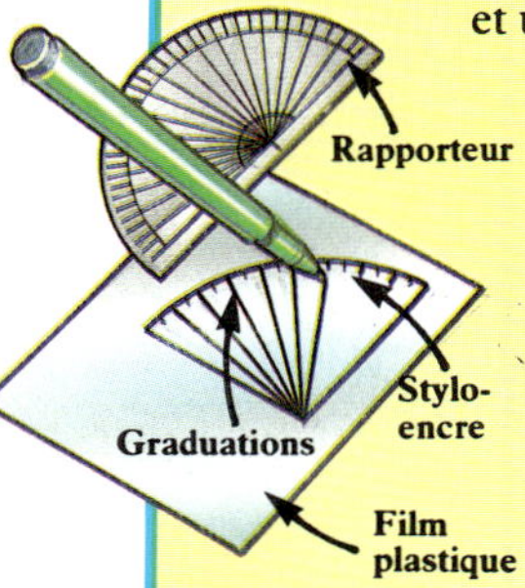


**Comment faire:**

1. Avec le rapporteur d'angles et le stylo-encre, tracez les angles sur le film plastique: les graduations doivent aller de 0° à 90° avec des intervalles de 5°.

2. Collez le couvercle à la boîte à chaussures après avoir découpé les deux côtés. Trouez l'un des côtés de la boîte et collez le film plastique à l'intérieur. On doit voir les graduations à travers le trou.

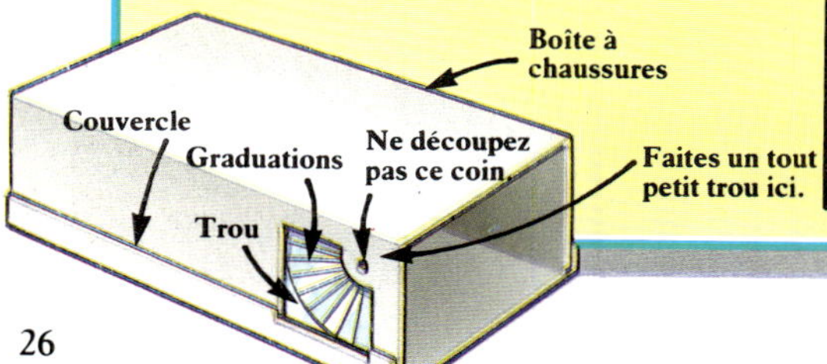


3. Enfoncez l'aiguille à tricoter dans le petit trou (voir dessin précédent) et remuez-la jusqu'à ce qu'elle tourne librement. Dans du carton, découpez un battant légèrement plus petit que le côté de la boîte et collez-le à l'aiguille.

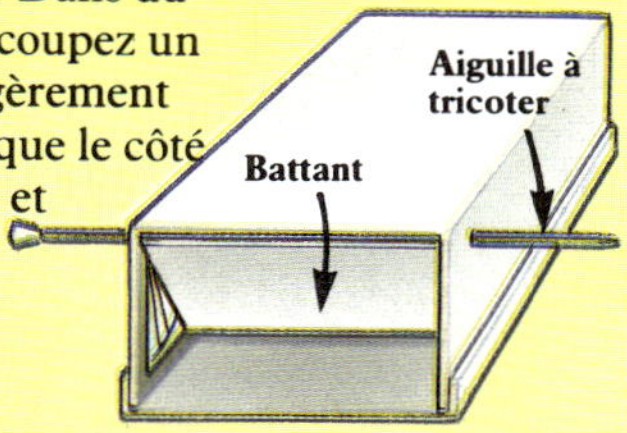


4. Tenez la boîte de façon que le battant se trouve dans le vent. Regardez l'angle que fait le battant et calculez la vitesse du vent à l'aide du tableau ci-dessous.

| Angle (°) | Km/h | Angle(°) | Km/h |
|---|---|---|---|
| 90 | 0 | 40 | 34-36 |
| 85 | 8-11 | 35 | 37-39 |
| 80 | 12-14 | 30 | 40-43 |
| 75 | 15-17 | 25 | 44-48 |
| 70 | 18-20 | 20 | 49-54 |
| 65 | 21-23 | | |
| 60 | 24-25 | | |
| 55 | 26-27 | | |
| 50 | 28-30 | | |
| 45 | 31-33 | | |

## La visibilité

C'est la distance jusqu'à laquelle on peut voir. Par temps clair, prenez des points de repère (église, collines) et notez-les par écrit. Si votre propre station météorologique se trouve dans un endroit peu dégagé, allez mesurer la visibilité en plein air. A l'aide d'une carte locale (vous en trouverez sûrement dans une bibliothèque), calculez la distance de votre position aux points de repère.

## La nébulosité

Les météorologues étudient les types de nuages et la couverture nuageuse, qu'ils mesurent en octas (voir page 13).

**On utilise des abréviations pour indiquer les types de nuages.**

**Cirrus – Ci**
**Cirrocumulus – Cc**
**Cirrostratus – Cs**
**Cumulus – Cu**
**Altocumulus – Ac**
**Stratus – St**
**Altostratus – As**
**Stratocumulus – Sc**
**Nimbostratus – Ns**
**Cumulonimbus – Cb**

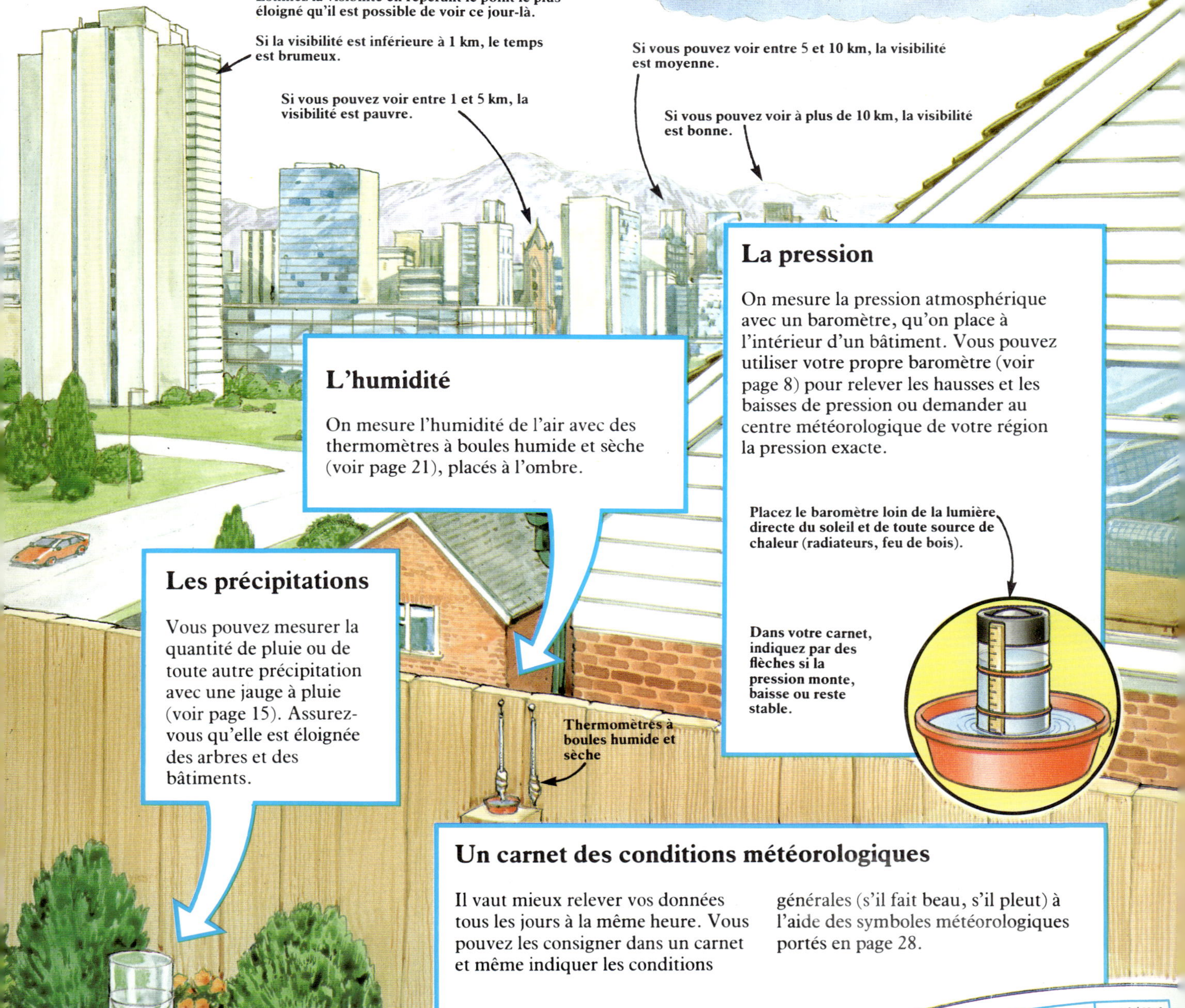


## La pression

On mesure la pression atmosphérique avec un baromètre, qu'on place à l'intérieur d'un bâtiment. Vous pouvez utiliser votre propre baromètre (voir page 8) pour relever les hausses et les baisses de pression ou demander au centre météorologique de votre région la pression exacte.

## L'humidité

On mesure l'humidité de l'air avec des thermomètres à boules humide et sèche (voir page 21), placés à l'ombre.

## Les précipitations

Vous pouvez mesurer la quantité de pluie ou de toute autre précipitation avec une jauge à pluie (voir page 15). Assurez-vous qu'elle est éloignée des arbres et des bâtiments.

## Un carnet des conditions météorologiques

Il vaut mieux relever vos données tous les jours à la même heure. Vous pouvez les consigner dans un carnet et même indiquer les conditions générales (s'il fait beau, s'il pleut) à l'aide des symboles météorologiques portés en page 28.

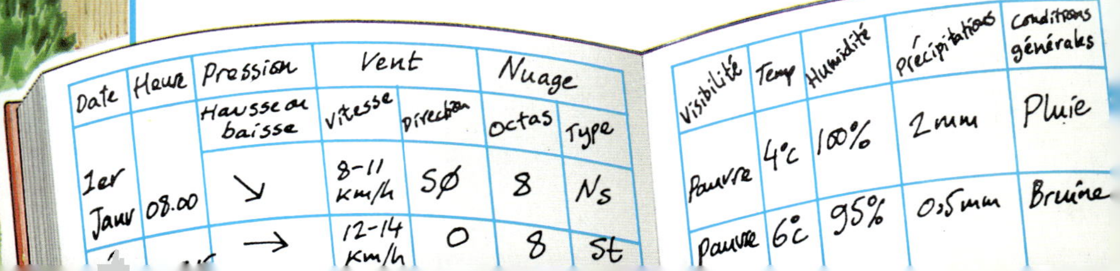

| Date | Heure | Pression | Vent | | Nuage | | Visibilité | Temp | Humidité | Précipitations | Conditions générales |
|---|---|---|---|---|---|---|---|---|---|---|---|
| | | Hausse ou baisse | Vitesse | Direction | Octas | Type | | | | | |
| 1er Janv | 08.00 | ↘ | 8-11 km/h | SØ | 8 | Ns | Pauvre | 4°c | 100% | 2mm | Pluie |
| | | → | 12-14 km/h | O | 8 | St | Pauvre | 6°c | 95% | 0,5mm | Bruine |

# L'analyse des informations

Les observations météorologiques relevées dans les stations du monde entier (voir page 24) sont rassemblées et communiquées aux centres météorologiques nationaux d'un grand nombre de pays, qui vont les analyser et produire des cartes dites synoptiques.

## L'information reçue

Les centres météorologiques nationaux reçoivent deux types d'informations: les observations recueillies par des observateurs ou des stations automatiques ou encore par des avions et des bateaux ainsi que les relevés provenant des stations de traitement, comme les radiosondes, les satellites et les images radar.

Certaines de ces informations permettront de dresser une carte du temps, dite synoptique (voir ci-dessus). Elle comprend divers symboles représentant les différentes données enregistrées. Reportez-vous à la légende ci-contre.

Chaque jour, en plus de la production de cartes synoptiques, les centres modélisent par ordinateur l'état de l'atmosphère (voir page 29), en se fondant sur les informations reçues. Une fois leurs analyses terminées, les résultats sont disponibles pour ceux qui en ont besoin.

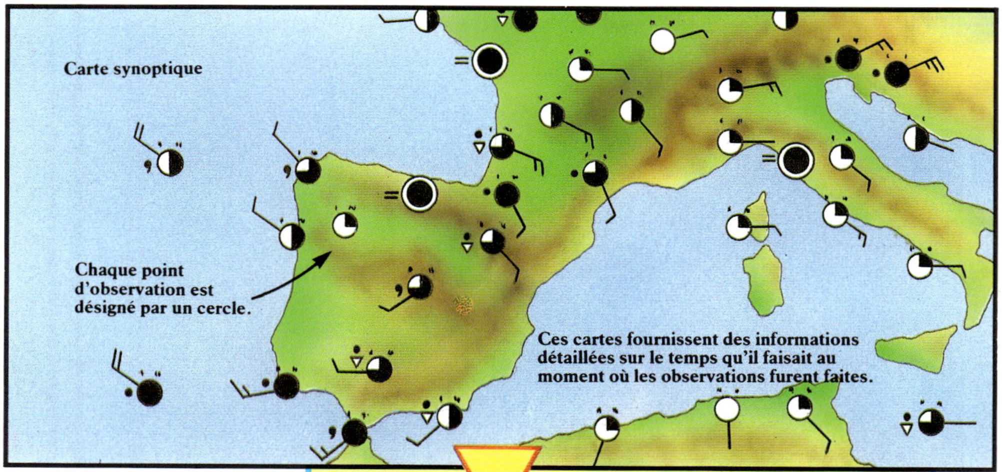


## Légende

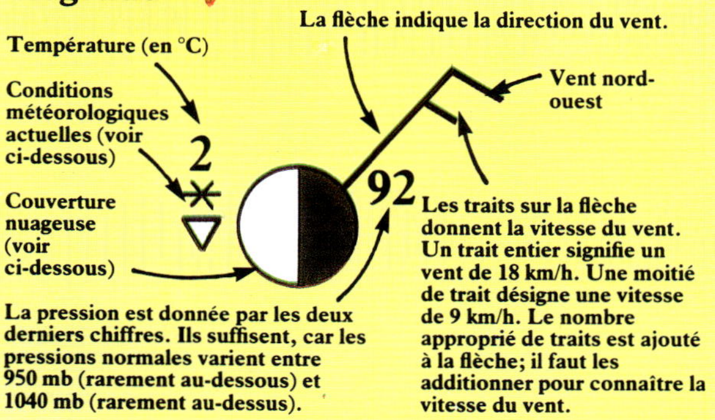


La couverture nuageuse se mesure en octas (voir page 13). Plus le cercle est noir, plus il y a d'octas. Ce symbole montre 4 octas. Un anneau blanc supplémentaire autour de ce cercle et aucune flèche de vent signifierait que le temps est calme.

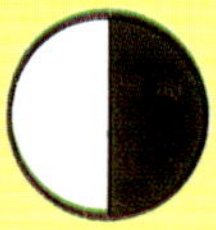

### Symboles des conditions météorologiques

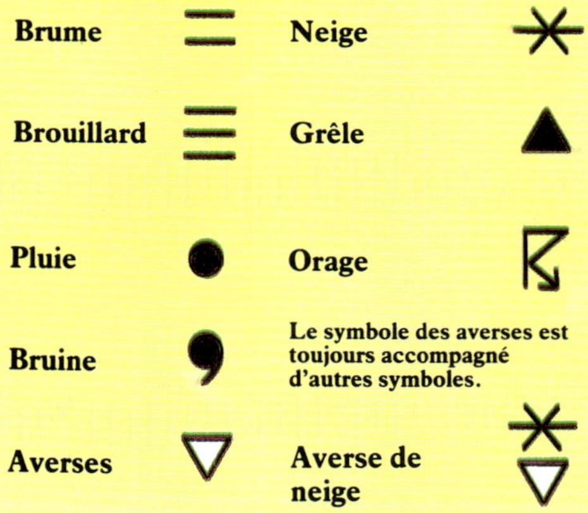


## La disposition des symboles

Si vous possédez votre propre station météorologique (voir pages 26-27), vous pouvez utiliser les symboles disposés sur cette page pour consigner vos observations. Voici un exemple de conditions de température, couverture nuageuse, temps qu'il fait, vitesse et direction de vent.

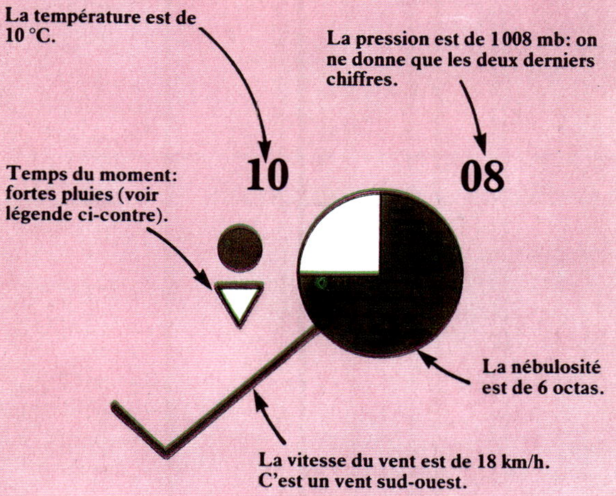

## La modélisation

Les météorologues utilisent des ordinateurs pour prévoir le temps qu'il fera. A l'aide des informations tirées des observations, des calculs sur ordinateur permettent de construire un modèle de l'état de l'atmosphère au moment où les observations ont été faites. Des nombres représentent toutes les valeurs prises par la température, l'humidité, le vent et la pression dans les différentes couches de l'atmosphère.

## Une grille de points

L'ordinateur ne prévoit l'état de l'atmosphère que si tous les relevés faits à différentes altitudes sont disposés selon un schéma régulier. La surface de la Terre est divisée en lignes imaginaires, les latitudes et les longitudes, qui composent une grille. Les intersections de ces lignes donnent les coordonnées des points. Dans la plupart des cas, les observations réelles ne correspondent pas exactement aux points de cette grille, mais on prend toujours les coordonnées du point le plus proche de l'endroit où elles furent faites. Dans les zones où l'information est nulle ou faible, l'ordinateur estime de lui-même les conditions météorologiques. Il se sert des relevés concernant les points de la grille voisins et des informations sur le temps qu'il y faisait.

**Il faut 40 000 points imaginaires sur la grille pour couvrir la surface de la Terre.**

**L'ordinateur a les relevés de la température, de la pression, des vents et de l'humidité pour chaque point de la grille, mais aussi pour les points directement au-dessus, qui se trouvent à des altitudes différentes.**

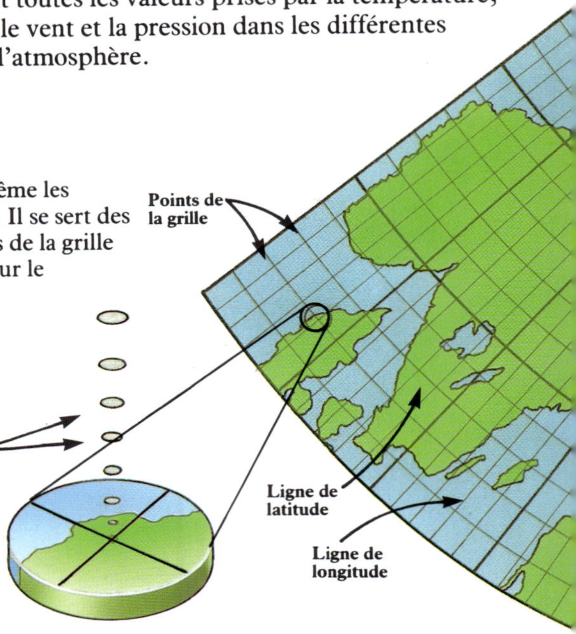


## Les prévisions

Pour ses prévisions, l'ordinateur calcule peu de temps à l'avance (10 minutes, en général) les changements susceptibles d'avoir lieu à chaque point dont il a les coordonnées. Cela lui donne de nouvelles coordonnées, qu'il va à nouveau utiliser. Ce processus au "pas-à-pas" est répété plusieurs fois, jusqu'à ce que l'ordinateur prévoie, par exemple, les températures et les vents. dans les 12 heures à venir. Le processus dans son entier ne prend que quelques minutes, puis l'ordinateur produit les différentes cartes météorologiques, qui serviront aux météorologues.

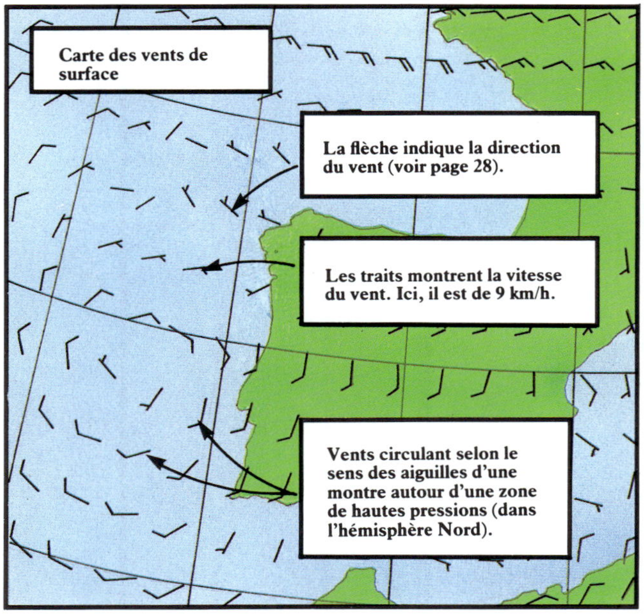


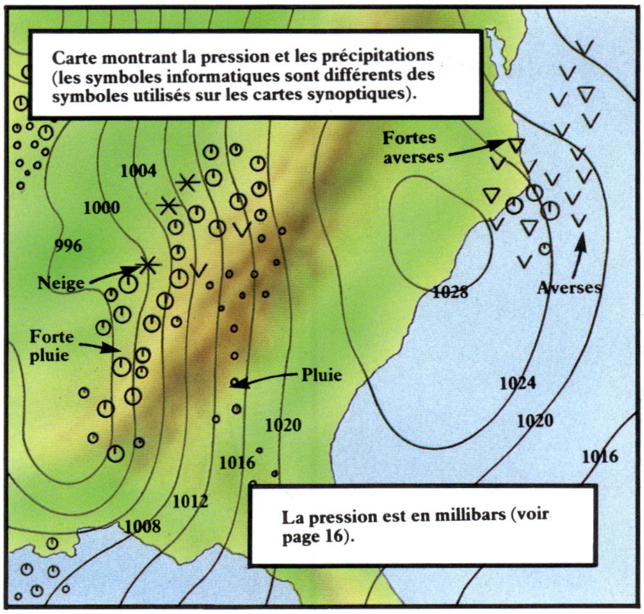


Les prévisions météorologiques faites par ordinateur, 12 et 24 heures en avance, sont produites dans les centres météorologiques nationaux deux fois par jour. Le processus du "pas-à-pas" est appliqué pour permettre des prévisions sur une semaine au maximum. Ces prévisions ne sont pas toujours très précises, car plus le processus du "pas-à-pas" est répété et plus les erreurs présentes dans les calculs de la grille de points d'origine vont prendre de l'importance. Voilà pourquoi beaucoup de prévisions à long terme sont souvent peu fiables.

# Les prévisions météorologiques

Afin de prévoir le temps pour les heures et les jours à venir, les météorologues analysent les informations qu'ils reçoivent des centres nationaux de météorologie (voir pages 28-29). Ils tiennent compte des prévisions faites par ordinateur, mais aussi des cartes d'observation et des images satellite pour faire leurs propres prévisions. C'est sous la forme de bulletins météorologiques que ces prévisions atteignent le public, via la télévision, la radio, les journaux et le téléphone.

## Les météorologues

Ils travaillent dans des endroits variés, comme les centres nationaux de météorologie, les centres météorologiques installés dans les villes ou encore les bureaux météorologiques des aéroports militaires et civils.

Ils étudient toutes les informations qu'ils reçoivent et recherchent tous les éléments qui pourraient modifier la météo, par exemple les fronts, les anticyclones et les dépressions. Ils doivent aussi connaître les conditions locales particulières, comme le brouillard côtier (voir page 22), pour affiner leurs prévisions.

**Les météorologues des centres météo des villes sont directement en contact avec certains services publics.**

**De mauvaises conditions météorologiques (brouillard, neige, glace) peuvent grandement affecter le transport routier.**

**Si on prévoit du verglas, le département concerné peut être alerté afin de répandre du sel sur les routes.**

## Les bulletins télévisés

Beaucoup de présentateurs de bulletins météorologiques à la télévision sont des météorologues professionnels. Ils font leur propres prévisions, à l'aide des nombreuses informations qu'ils reçoivent des centres nationaux de météorologie. Les autres sont des présentateurs de télévision, qui lisent les prévisions fournies par les centres. Le bulletin météorologique de la journée se présente sous la forme d'une séquence de cartes dressées par les ordinateurs du service graphique de la télévision. Elles indiquent les températures et les vents, par exemple, ou donnent un résumé des conditions météorologiques prévues. Parfois, on montre le mouvement des systèmes météorologiques par le biais d'une animation montrant des images de satellites géostationnaires.

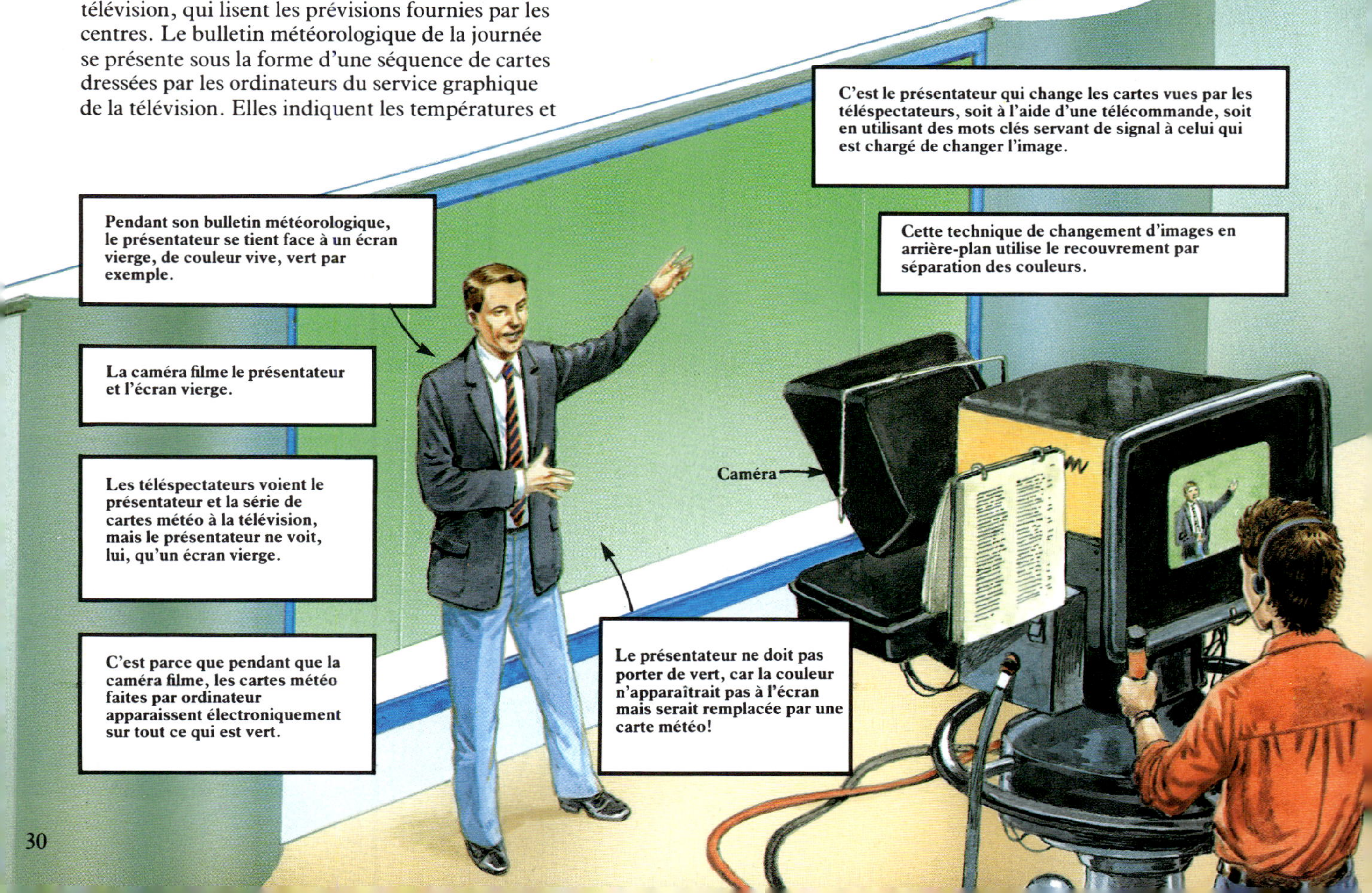

## La radio et les journaux

Les météorologues des centres météorologiques nationaux et urbains donnent des informations aux radios et aux journaux pour leurs bulletins météo. Les stations de radio nationales délivrent une météo générale pour tout le pays. Les stations de radio locales, comme les stations de télévision locales, renseignent plus précisément sur le temps dans leur région. Les journaux, eux, se servent d'informations qui leur ont été délivrées la veille de leur parution, à midi.

Les conditions de tempête en mer (mer houleuse, par exemple) peuvent se révéler dangereuses pour les gens qui travaillent en mer: il faut les en avertir à l'avance. Quelques stations de radio diffusent un bulletin de météo marine, qui prévient des mauvaises conditions météorologiques et renseigne sur la vitesse et la direction du vent.

**Des bulletins météo à jour sont très importants pour les gens qui travaillent en mer, par exemple sur les plates-formes pétrolières ou sur les bateaux.**

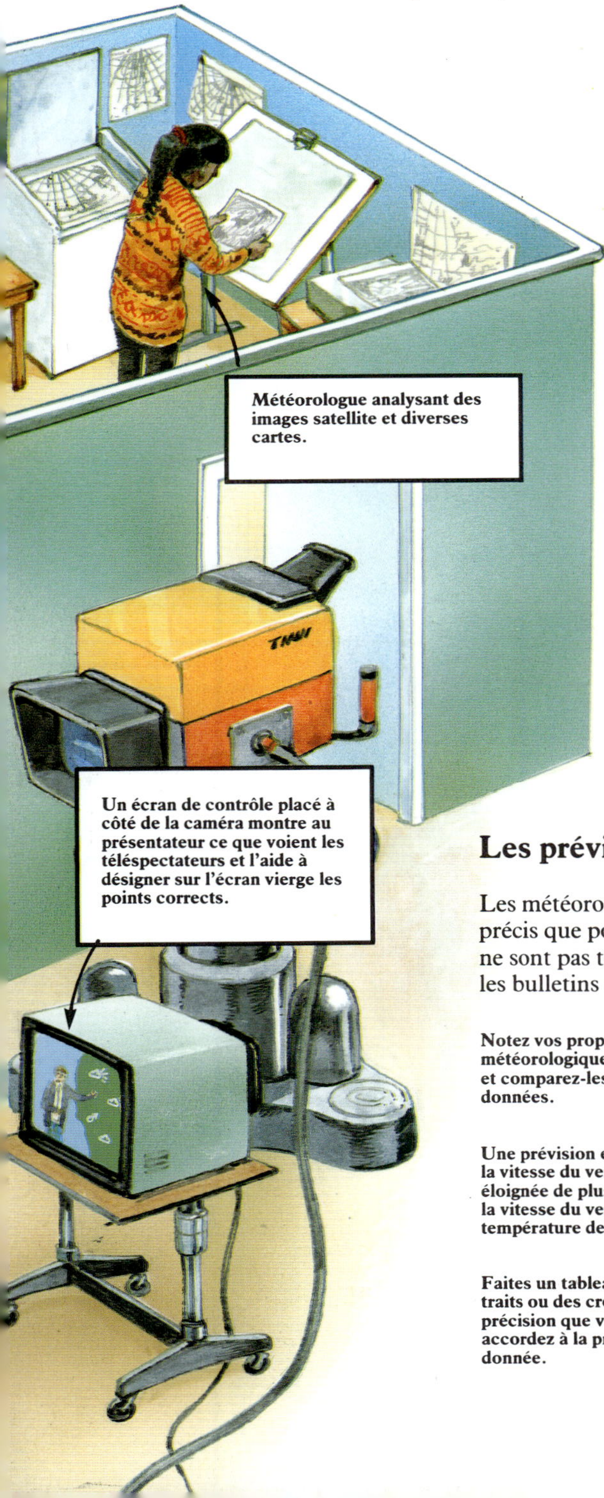

**Météorologue analysant des images satellite et diverses cartes.**

**Un écran de contrôle placé à côté de la caméra montre au présentateur ce que voient les téléspectateurs et l'aide à désigner sur l'écran vierge les points corrects.**

## Qui est intéressé par la météo?

Les prévisions météo servent à de nombreux services spécialisés mais intéressent aussi divers services publics en rapport avec les avions, les aéroports, les bateaux de pêche, la marine. Savoir que du mauvais temps approche, comme une tempête ou une mauvaise visibilité, est très important pour eux, car ils vont peut-être devoir changer leurs destinations ou leurs routes pour échapper à ces mauvaises conditions météorologiques.

Des prévisions destinées aux agriculteurs sont diffusées sur des stations de télévision ou de radio, car ils doivent savoir s'il va geler ou pleuvoir quand ils sèment, récoltent ou mettent des pesticides et des fertilisants dans leurs champs.

**Les agriculteurs ont besoin de savoir quand ils peuvent mettre des fertilisants ou des pesticides dans leurs champs. S'il pleut pendant ou peu de temps après, les produits chimiques vont être emportés par l'eau et ils n'auront aucun effet sur les récoltes.**

## Les prévisions météo sont-elles précises?

Les météorologues tentent d'être aussi précis que possible, mais leurs prévisions ne sont pas toujours exactes. Comparez les bulletins météo délivrés pendant plusieurs jours dans votre région et faites un tableau relevant l'exactitude des prévisions annoncées par les journaux, la télévision, la radio et le téléphone.

**Notez vos propres observations météorologiques (voir pages 26-27) et comparez-les avec les prévisions données.**

**Une prévision est dite exacte si la vitesse du vent n'est pas éloignée de plus de 8 km/h de la vitesse du vent réelle et la température de plus de 2 °C.**

**Faites un tableau avec des traits ou des croix selon la précision que vous accordez à la prévision donnée.**

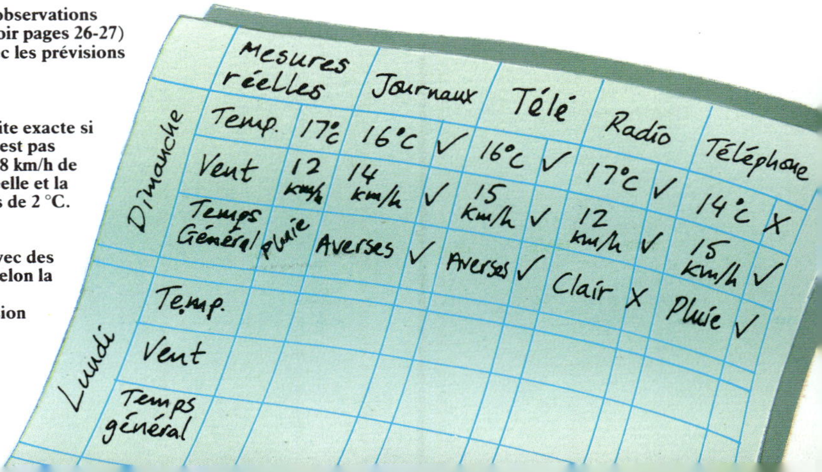

# Les climats mondiaux

Le climat d'une région est la moyenne des conditions météorologiques qui y règnent, mesurées sur une longue période. Il existe de nombreux types de climats dans les diverses parties du globe et ils affectent grandement la végétation et les animaux qu'on peut y trouver.

## Les climats du globe

Les climats mondiaux sont classés en différentes catégories, principalement par latitude et par température. A l'intérieur de chaque catégorie, il peut y avoir des variations. Par exemple, les zones côtières ont des climats maritimes ou méditerranéens, tandis que les régions situées au centre des continents ont des climats continentaux. Quand on donne un nom à un climat, on prend en compte ces variations et sa catégorie. Ainsi, une zone côtière sous les tropiques aura un climat maritime tropical.

### Types principaux de climats dans le monde

**Climat arctique ou polaire:** très froid et sec, avec des vents forts. Les températures estivales atteignent 10 °C près des côtes, mais peuvent descendre bien plus bas à l'intérieur des terres. Certaines zones sont des déserts.

**Climat froid:** été court. Les températures du mois le plus chaud se situent entre 10 °C et 15 °C. L'hiver est froid, entre −20 °C et −30 °C de moyenne. Il pleut généralement en été mais peu.

**Climat de montagne:** les températures et les précipitations dépendent de la latitude et changent selon l'altitude.

**Climat tempéré froid:** les températures descendent en dessous de 6 °C pendant un à cinq mois. Précipitations toute l'année. Etés chauds mais hivers froids (il gèle souvent).

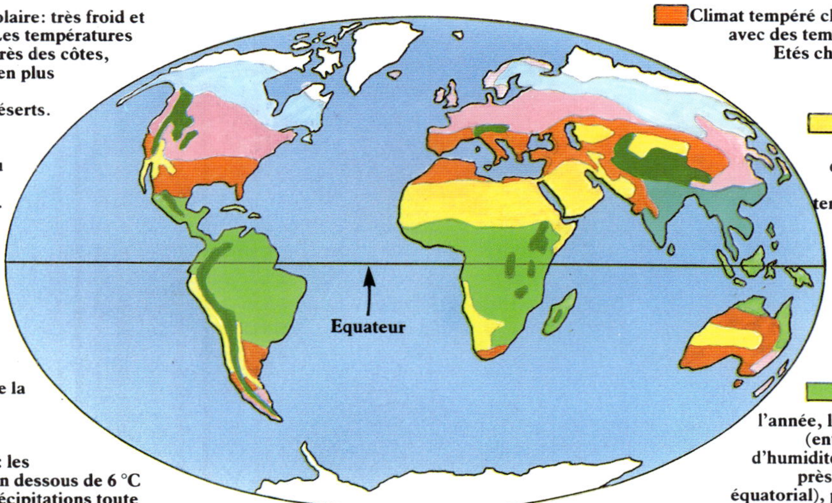


**Climat tempéré chaud:** hivers doux et humides avec des températures entre 4 °C et 10 °C. Etés chauds (20 °C à 27 °C) avec peu de pluie.

**Climat désertique:** précipitations annuelles en dessous de 250 mm. Dans les déserts chauds, le jour, les températures peuvent dépasser 52 °C.

**Climat de mousson:** une saison très chaude et humide et une saison fraîche et sèche, dues aux vents qui changent selon la saison (voir page 20).

**Climat tropical:** toute l'année, les températures sont élevées (entre 24 °C et 27 °C). Beaucoup d'humidité. Fortes pluies toute l'année près de l'équateur (c'est le climat équatorial), plus de 2 000 mm par an. Les autres régions reçoivent surtout de la pluie sur une saison.

## Evaporation d'eau par les plantes

Les plantes absorbent de l'eau par leurs racines et s'en servent pour se nourrir, mais une certaine quantité d'eau s'évapore par les minuscules pores de leurs feuilles.

Selon les climats, les plantes perdent de la vapeur d'eau plus ou moins vite. Pour démontrer ceci, il vous faut 2 bouteilles en plastique de 2 litres, une plante d'appartement, un cactus, 2 sacs plastique, des liens, des assiettes et de la vaseline.

**Comment faire:**

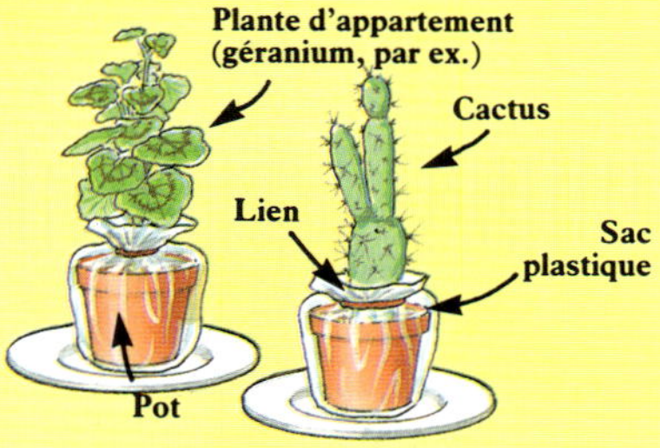


1. Donnez à chaque plante 90 ml d'eau. Placez chaque pot dans un sac plastique que vous serrerez autour du pied des plantes avec un lien. Posez les pots sur une assiette.

2. Avec des ciseaux, découpez la base de chaque bouteille en plastique. Faites attention!

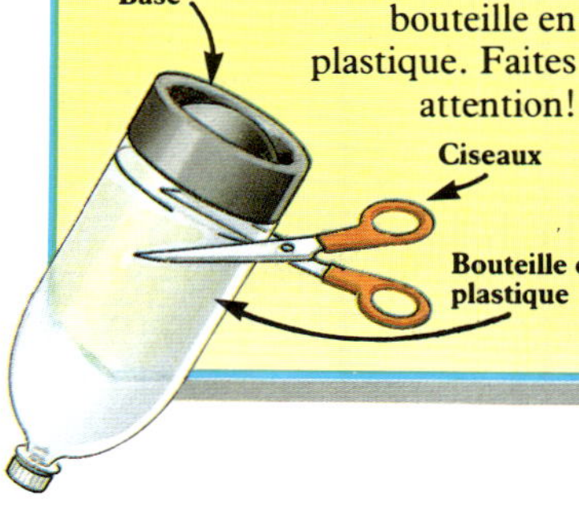


3. Couvrez chaque plante avec une des bouteilles. Enduisez leur base d'une couche épaisse de vaseline.

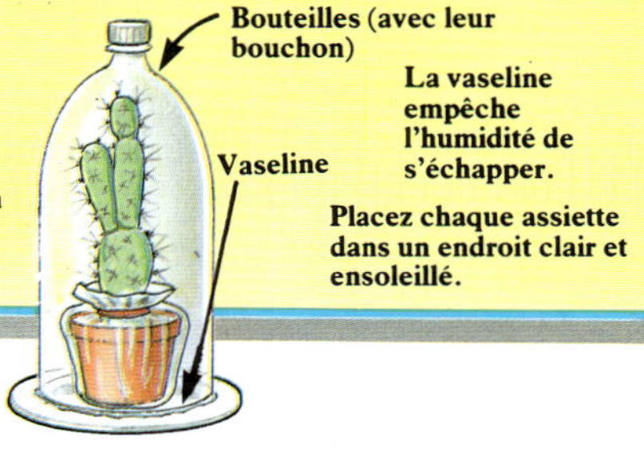


4. Trois jours plus tard, des gouttelettes d'eau se forment dans les bouteilles. Elles proviennent de la condensation de la vapeur d'eau libérée par les plantes.

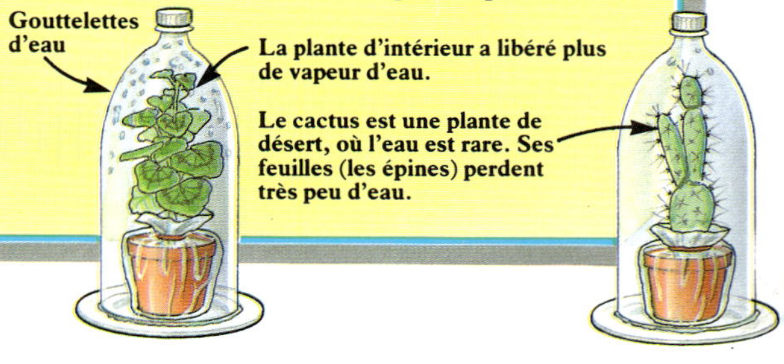

## Les climats et les êtres vivants

On trouve des plantes et des animaux dans toutes les régions du monde, chaque espèce étant adaptée au climat local. Là où les conditions sont les plus dures, aux pôles par exemple, il y a peu d'espèces, tandis que sous les climats plus cléments un grand nombre d'espèces se développent. C'est dans les zones humides et tropicales qu'il y a le plus de variétés.

### Forêts tropicales humides

Dans certaines zones tropicales, près de l'équateur, il tombe plus de 2 000 mm de pluie par an et les températures sont élevées, car du fait de leur position elles reçoivent la plus grande partie de l'énergie solaire (voir page 6). C'est là qu'on trouve les forêts tropicales humides: elles renferment plus de la moitié des espèces végétales et animales de la planète.

**Dans les forêts tropicales humides, de fortes mais brèves averses de pluie tombent pratiquement chaque jour. Les conditions chaudes et humides sont idéales pour la vie de la faune et de la flore.**

**Les ocelots chassent leurs proies dans les arbres de la forêt et au sol.**

**Les broméliacées sont des plantes qui poussent sur les troncs et les branches des arbres.**

**Les rainettes aux yeux rouges vivent dans les flaques d'eau qui se forment sur les feuilles des arbres.**

### Survivre dans les déserts

Dans les déserts torrides, les températures diurnes sont très élevées, car la couverture nuageuse est presque inexistante et ne suffit pas à protéger la surface du rayonnement solaire. La nuit, la chaleur se propage dans l'espace et le sol se refroidit très vite. Il peut alors se former de la rosée et du brouillard, mais il pleut très peu dans l'année. Les végétaux et animaux de ces régions ont développé des caractéristiques leur permettant de survivre dans ces conditions de chaleur intense et de manque d'eau.

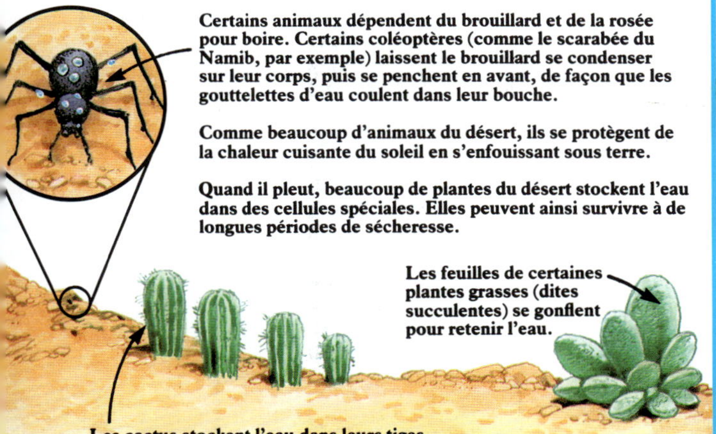

**Certains animaux dépendent du brouillard et de la rosée pour boire. Certains coléoptères (comme le scarabée du Namib, par exemple) laissent le brouillard se condenser sur leur corps, puis se penchent en avant, de façon que les gouttelettes d'eau coulent dans leur bouche.**

**Comme beaucoup d'animaux du désert, ils se protègent de la chaleur cuisante du soleil en s'enfouissant sous terre.**

**Quand il pleut, beaucoup de plantes du désert stockent l'eau dans des cellules spéciales. Elles peuvent ainsi survivre à de longues périodes de sécheresse.**

**Les feuilles de certaines plantes grasses (dites succulentes) se gonflent pour retenir l'eau.**

**Les cactus stockent l'eau dans leurs tiges. A la place des feuilles, ils possèdent des épines qui perdent moins d'eau par évaporation, car leur surface est plus petite.**

### Survivre à des températures polaires

Relativement peu d'espèces végétales ou animales peuvent vivre près des pôles, là où la température se situe presque toujours en dessous du point de congélation.

**En Antarctique, les températures peuvent descendre en dessous de –40 °C.**

**Les manchots sont protégés du froid glacial par leurs plumes très compactes et par une épaisse couche de graisse sous leur peau.**

# Des climats et des gens

L'homme habite sous tous les climats du monde, aussi bien aux pôles qu'à l'équateur. Afin de mener une vie confortable, surtout là où le climat est rigoureux, il a adapté son style de vie, sa maison et ses vêtements aux conditions climatiques particulières qui sont les siennes.

## Les types de construction

La plupart des bâtiments sont conçus pour offrir le plus de confort possible en accord avec le climat. Sous les climats tempérés, avec des variations saisonnières de température, les constructions ont des murs épais qui conservent la chaleur se développant à l'intérieur. En hiver, beaucoup de ces bâtiments sont chauffés artificiellement par des feux de cheminées ou par le chauffage central. Les fenêtres laissent entrer la lumière du soleil au maximum en hiver et laissent sortir la chaleur excédentaire des jours d'été.

**Dans les zones tempérées, les maisons sont conçues pour garder la chaleur à l'intérieur pendant l'hiver.**

Quand le climat est chaud, on cherche la fraîcheur. Les maisons ont peu de murs intérieurs ou de cloisons pour permettre à l'air de circuler au maximum. Parfois, il y a des volets, qu'on ferme pendant les heures les plus chaudes de la journée, pour ne pas laisser entrer la chaleur. On les ouvre tôt le matin ou tard le soir pour laisser l'air frais circuler autour du bâtiment.

## Les climats urbains

Les villes ont tendance à avoir un climat différent de celui de leur région, à cause de la forte concentration des constructions. Il y fait en général plus chaud la nuit et il peut y pleuvoir davantage en été. La quantité de pollution de l'air tend à être plus élevée dans les villes (voir page 40).

**Les hauts bâtiments barrent la route aux vents et les obligent soit à s'élever, soit à tourbillonner dans les rues entre les constructions.**

**Si l'air qui monte au-dessus de la cité est exceptionnellement chaud et humide, en se refroidissant il va former des nuages qui provoqueront de fortes ondées.**

## La réflection de la lumière solaire

Toutes les surfaces n'absorbent pas et ne réfléchissent pas les radiations solaires de la même façon (voir page 7). Les surfaces brillantes et peu colorées réfléchissent bien le rayonnement solaire, réduisant ainsi la quantité de chaleur que les matériaux absorbent.

Dans les pays au climat très chaud et ensoleillé, on peint souvent les bâtiments en blanc pour repousser la chaleur. Les habitants portent aussi des habits peu colorés pour diminuer la quantité de chaleur que leur corps reçoit.

## Le corps et la température

Le corps humain réagit aux différentes températures par des mécanismes variés qui l'aident à réguler sa propre température. Normalement, le corps dégage de la chaleur, car il est plus chaud que l'air environnant. Cette chaleur est restituée par le sang des vaisseaux sanguins situés juste sous la surface de la peau.

Quand une personne a très chaud, elle dégage la chaleur excédentaire en transpirant. A mesure que l'eau s'évapore par la peau, la température corporelle s'abaisse. Les vaisseaux sanguins de la peau perdent aussi de la chaleur en se dilatant pour permettre au sang de circuler.

Quand il fait très froid, les vaisseaux sanguins se contractent et rétrécissent. Le sang circule moins et le corps libère moins de chaleur. Dans des conditions de froid extrême, certaines parties du corps, généralement les doigts de pieds ou de mains, peuvent ne plus être irriguées du tout.

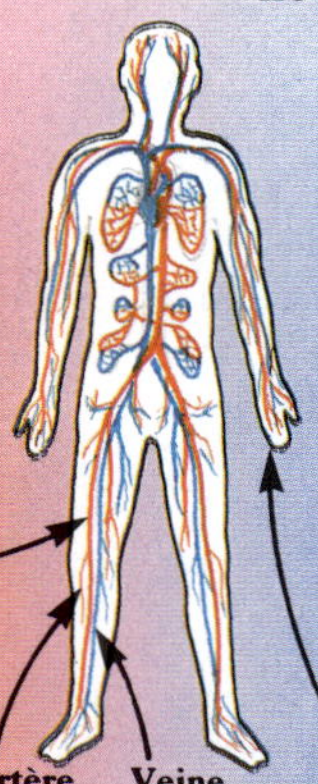


**Le sang arrive par les artères principales jusque dans les vaisseaux sanguins de la surface de la peau et il sort des vaisseaux par les veines.**

**Le sang est envoyé dans tous les vaisseaux sanguins par le cœur qui agit comme une pompe. Il s'échauffe en circulant.**

**Si les doigts des mains et des pieds ne reçoivent pas de sang, ils ne reçoivent pas non plus de chaleur. La peau "meurt" et on parle d'engelure.**

## Fabriquer un radiomètre

Un radiomètre est un instrument qui utilise la réflection et l'absorption pour mesurer l'énergie solaire. Pour faire un radiomètre simple, il vous faut un stylo noir, du papier enveloppant les chewing-gum, un pot de confiture, un crayon, de la colle forte, du fil et une allumette déjà utilisée.

**Comment faire:**

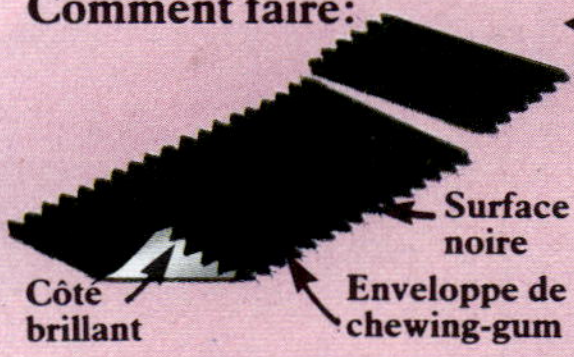


1. Avec un stylo noir, noircissez le côté non brillant du papier du chewing-gum. Découpez-le en quatre morceaux de 2 cm x 2,5 cm chacun.

2. Collez les quatre morceaux à un bout de l'allumette (voir à droite). Il ne faut pas que les côtés brillants du papier se fassent face.

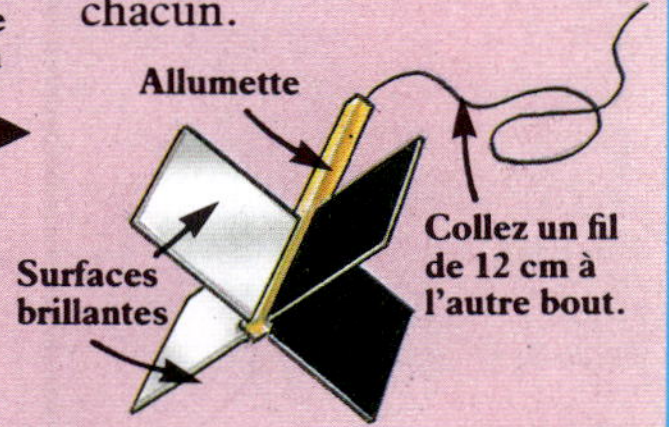


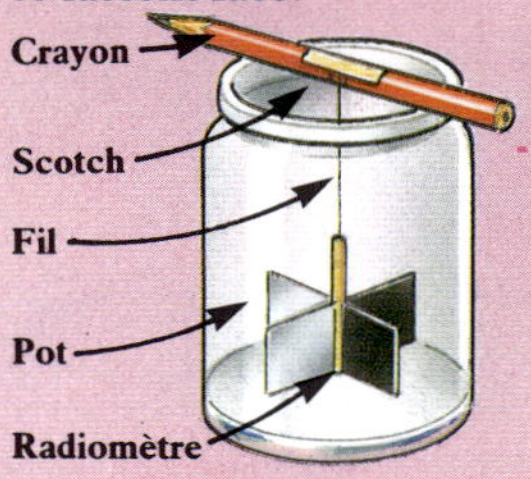


3. Enroulez le bout libre du fil autour du crayon. Scotchez-le pour plus de sûreté. Suspendez le radiomètre dans le pot de confiture.

4. Placez le pot dans un endroit très ensoleillé.

**Le radiomètre tourne à mesure que l'énergie solaire est absorbée par les surfaces noires et réfléchie par les surfaces brillantes.**

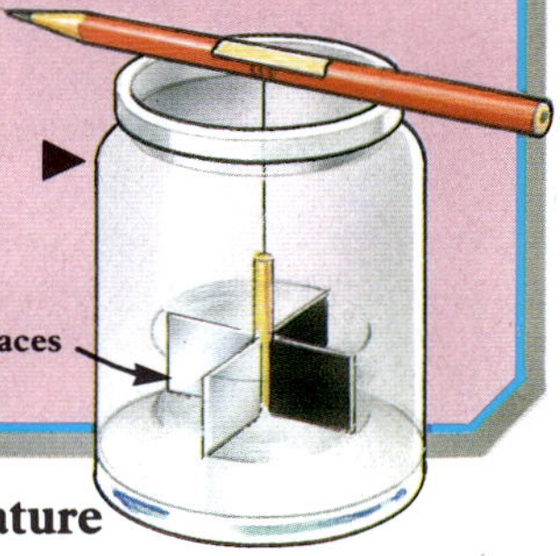

## Abaissement de la température

Le vent peut vous faire paraître la température de l'air plus froide qu'elle ne l'est en réalité. C'est le facteur d'abaissement de la température provoqué par le vent. Normalement, une fine couche d'air chaud entoure le corps, mais si le vent est fort, l'air chaud se disperse et vous avez froid.

Si la température de l'air est de 0 °C et qu'une légère brise souffle, vous ressentez 3 °C de moins à cause de ce facteur. Si le vent forcit, vous ressentez 10 °C de moins.

**Les chercheurs qui travaillent aux pôles portent plusieurs couches de vêtements pour isoler leur corps et lutter contre le vent et les températures glaciales.**

**Les vêtements enferment de l'air qui est réchauffé par la chaleur corporelle dégagée par le chercheur et qui maintient celui-ci au chaud.**

# Les changements climatiques du passé

Depuis la formation de la Terre, il y a environ 4,6 milliards d'années, les climats ont subi bien des variations: pendant certaines périodes, couvrant des milliers d'années, il a fait beaucoup plus chaud qu'aujourd'hui et pendant d'autres périodes, il a fait beaucoup plus froid, la glace envahissant une grande partie du globe.

## L'atmosphère primitive

Au début de la formation de la Terre, l'atmosphère n'était pas celle que nous connaissons aujourd'hui. La surface terrestre était une masse de roches liquides, qui, en se refroidissant, se transforma en une croûte solide. La vapeur et les gaz toxiques que libérèrent alors les volcans en éruption allaient former l'atmosphère primitive de la planète.

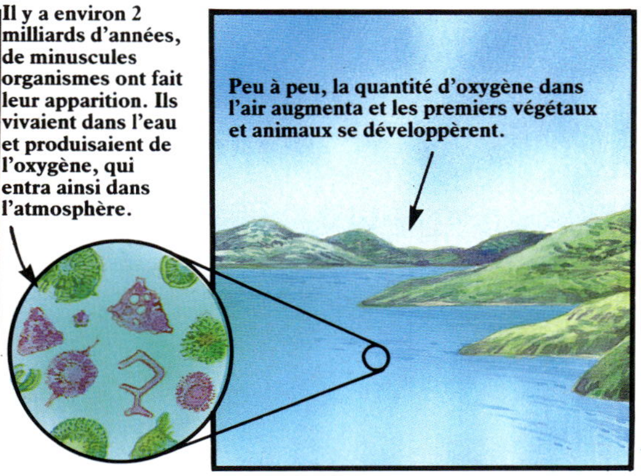


## Les périodes glaciaires

Dans le passé, la Terre connut des périodes, dites glaciaires, pendant lesquelles le climat était très froid et les glaces couvraient une grande partie de la surface du globe. Actuellement, elles ne subsistent plus qu'aux pôles, mais à l'époque elles envahirent des zones beaucoup plus grandes.

Les chercheurs pensent que les périodes glaciaires, ou glaciations, avaient lieu environ tous les 100 000 ans et qu'elles duraient environ 75 000 ans. En ce moment, le climat est entre deux glaciations: on dit que c'est un climat interglaciaire.

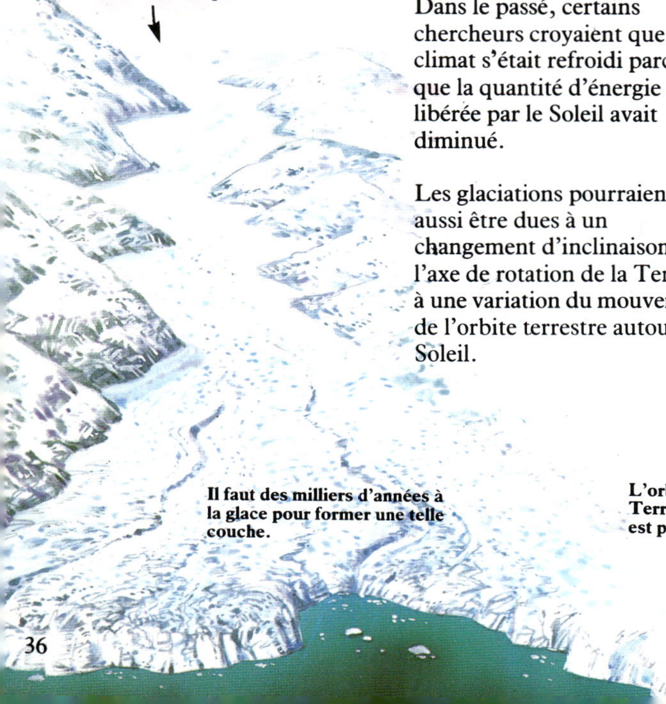


Plusieurs théories tentent d'expliquer les glaciations. Dans le passé, certains chercheurs croyaient que le climat s'était refroidi parce que la quantité d'énergie libérée par le Soleil avait diminué.

Les glaciations pourraient aussi être dues à un changement d'inclinaison de l'axe de rotation de la Terre et à une variation du mouvement de l'orbite terrestre autour du Soleil.

## Changement de climat dû à la dérive des continents

Le climat des cinq continents aurait aussi pu changer parce que leur position aurait changé. L'écorce terrestre est composée de plusieurs morceaux, appelés plaques, qui se déplacent très lentement en entraînant les continents. Il y a des millions d'années, de nombreux pays avaient sans doute un climat différent parce qu'ils ne se trouvaient pas sous la même latitude qu'actuellement.

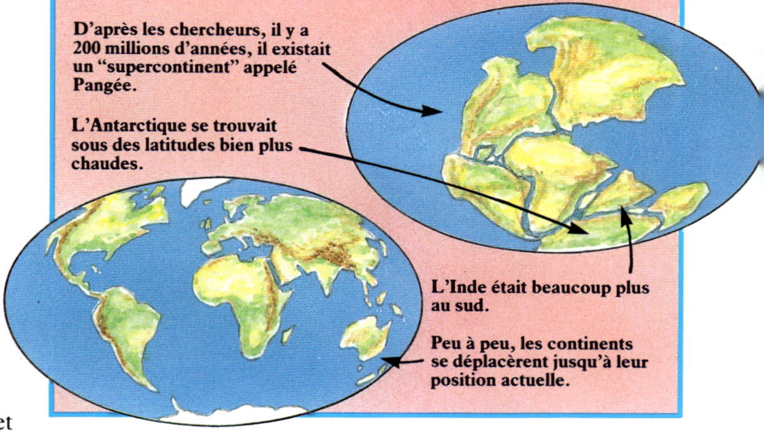


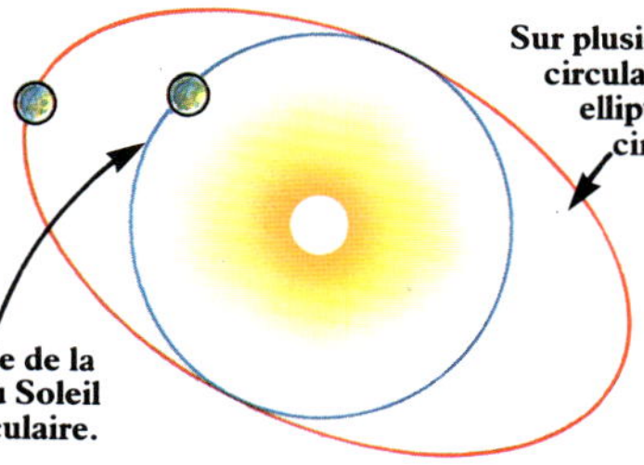

## Les éruptions volcaniques

D'après les scientifiques, les éruptions volcaniques affectent sans doute les climats du monde. Quand un volcan entre en éruption, il arrive qu'il projette une fine poussière volcanique haut dans l'atmosphère. Cette poussière agit alors comme un écran, renvoyant davantage de rayons solaires dans l'espace et les empêchant d'atteindre la Terre.

On pense qu'il y avait des milliers de volcans à la surface du globe, quand la Terre se forma. Ces volcans en éruption rejetèrent de la poussière et des gaz toxiques qui modifièrent grandement le climat.

De nos jours, il y a encore de grandes éruptions volcaniques, mais elles sont très rares et elles n'ont d'effets sur le climat qu'à court terme (deux à trois ans après une grande éruption).

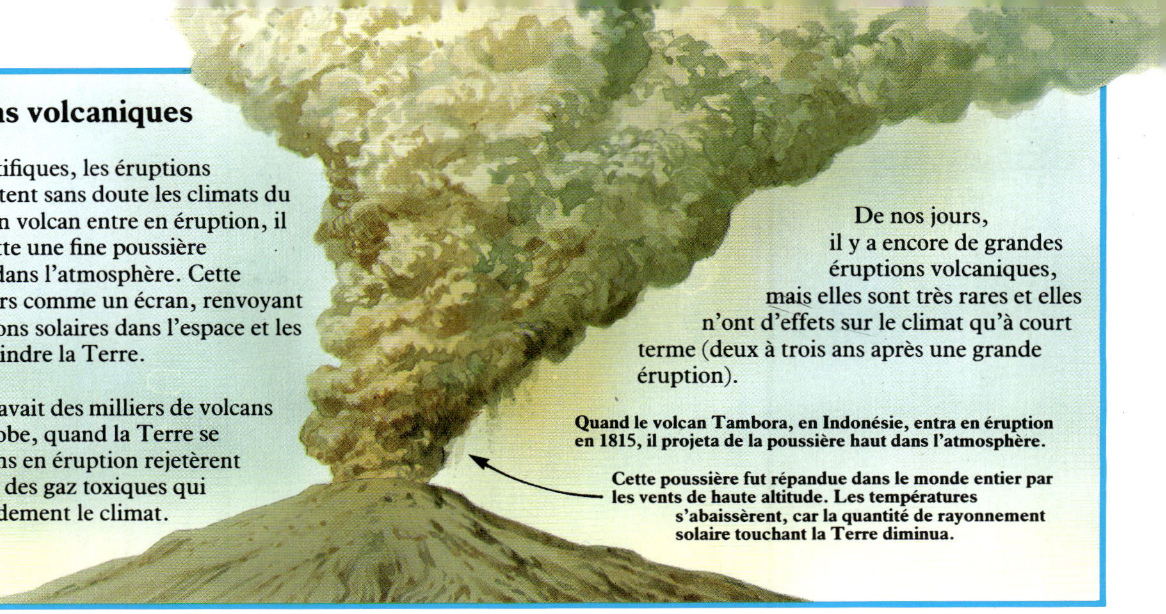

**Quand le volcan Tambora, en Indonésie, entra en éruption en 1815, il projeta de la poussière haut dans l'atmosphère.**

**Cette poussière fut répandue dans le monde entier par les vents de haute altitude. Les températures s'abaissèrent, car la quantité de rayonnement solaire touchant la Terre diminua.**

## Changement de climat et extinction des dinosaures

Il y a environ 65 millions d'années, plus de la moitié des espèces végétales et animales, dont les dinosaures, disparurent de la surface du globe. Les chercheurs pensent qu'un changement soudain de climat a sans doute causé cette extinction.

Pour certains d'entre eux, une énorme éruption volcanique survint, qui obstrua la lumière du Soleil et fit périr les plantes (celles-ci ayant besoin de la lumière solaire pour produire leur nourriture). Les animaux se nourrissant de plantes moururent donc à leur tour.

D'autres chercheurs avancent qu'un immense astéroïde (très gros rocher venant de l'espace), de 15 km environ de diamètre, serait tombé sur la Terre. Son impact aurait projeté des quantités impressionnantes de poussière dans l'atmosphère et obstrué le rayonnement solaire.

**L'existence des dinosaures remonte à 150 millions d'années. On pense qu'à cette époque, le climat était chaud et humide.**

## Preuves géologiques

La plupart des roches sont constituées de plusieurs couches. C'est en examinant ces couches que les géologues (scientifiques qui étudient les roches et leur formation) peuvent savoir quel était le climat à l'époque de leur formation.

Les géologues utilisent d'autres méthodes pour déterminer l'âge des couches, comme l'étude des minéraux composant les roches, ce qui leur permet de dater ces roches, donc les couches et ainsi de savoir quand il y a eu des variations climatiques.

**Les roches formées sous les climats chauds contiennent une plus grande quantité de fossiles que celles formées aux périodes plus froides.**

**Les roches qui se trouvaient à la surface durant les glaciations montrent des signes d'érosion, ou usure, due aux glaciers, ou masses de glace en mouvement.**

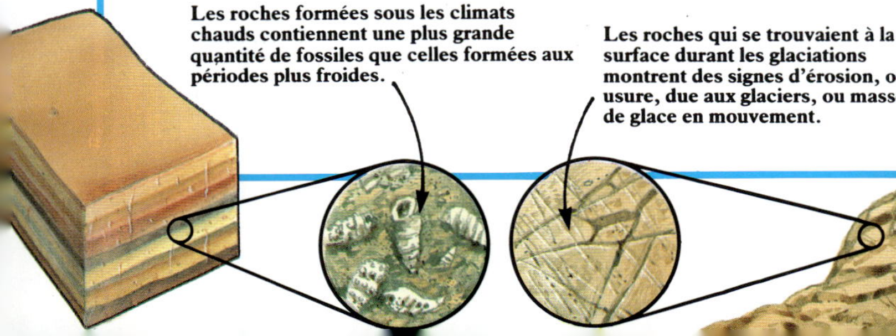

## Compter les cernes d'un arbre

Les chercheurs déduisent les variations d'un climat en étudiant les couches rocheuses. De la même façon, il est possible de savoir quelles étaient les conditions climatiques à l'époque de la croissance d'un arbre en regardant les cercles de croissance (ou cernes) de son tronc une fois qu'il a été abattu ou qu'il a péri.

Chaque année, les tubes transportant l'eau, ou xylème, ajoutent de nouvelles couches cellulaires au centre du tronc d'arbre, le faisant ainsi grossir. Si l'année a été chaude et humide, il y a davantage de couches cellulaires et le cerne est plus grand. Si l'année a été sèche et froide, le cerne est plus petit.

**Vous pouvez connaître l'âge d'un arbre en comptant ses cernes.**

**Un cerne étroit montre que cette année-là était froide et sèche.**

**Un cerne plus large indique qu'il a dû faire chaud et humide.**

**Cet arbre avait seize ans.**

# Les changements climatiques actuels

De nos jours, beaucoup de chercheurs pensent que les climats du monde sont en train de changer, car le temps est affecté par la hausse des températures due à une accumulation de certains gaz dans l'atmosphère.

## L'effet de serre

C'est le terme utilisé pour décrire le réchauffement de la Terre dû aux gaz de la basse atmosphère, qui piègent la chaleur. L'effet de serre existe depuis des millions d'années. Sans lui, on pense que la température moyenne à la surface de notre planète serait de – 15 °C.

Ces gaz, dits à effet de serre, comme le gaz carbonique et la vapeur d'eau, agissent comme les vitres d'une serre: ils laissent passer les radiations à haute énergie du Soleil, qui vont chauffer la surface terrestre, mais absorbent les radiations à plus faible énergie que la Terre renvoie. Puis, ils émettent eux-mêmes une certaine quantité d'énergie dans toutes les directions. Une partie atteint la Terre, qui reçoit ainsi un peu plus de chaleur.

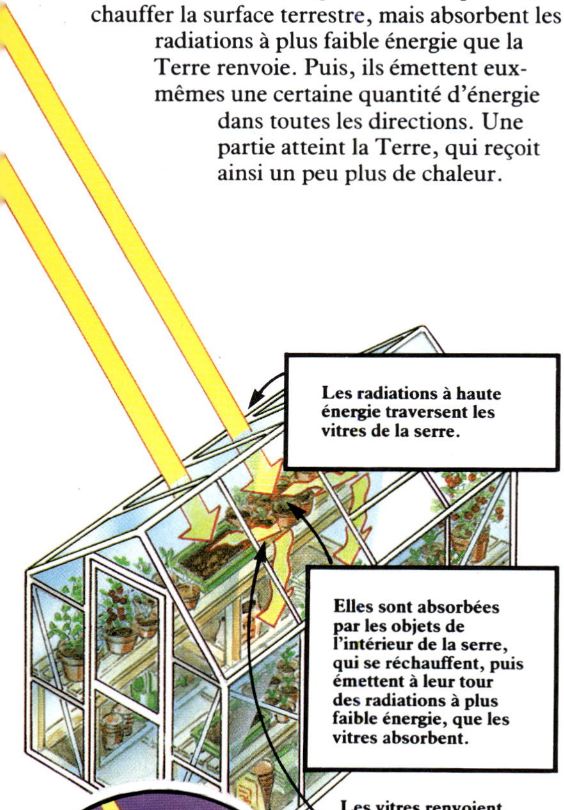


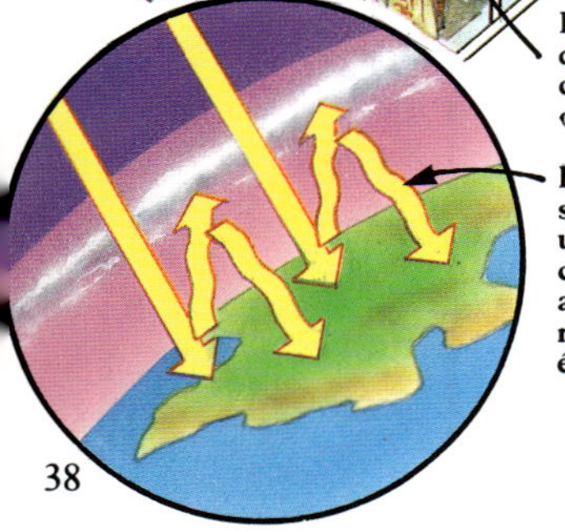


## Le réchauffement global

Actuellement, les températures moyennes de la planète augmentent peu à peu: c'est le réchauffement global. Il pourrait y avoir de nombreuses raisons pour expliquer ce phénomène, mais les chercheurs le relient à l'accroissement connu des gaz à effet de serre qui piègent de plus en plus la chaleur. Ce phénomène est donc principalement dû aux activités humaines.

**La quantité de gaz carbonique dans l'air a augmenté de 25% durant les cent dernières années.**

**Les centrales électriques et les usines, qui brûlent des combustibles fossiles (charbon, pétrole et gaz naturel), libèrent du gaz carbonique à mesure qu'elles produisent de l'énergie.**

**Le gaz carbonique provient aussi de la déforestation: on abat et brûle des forêts pour obtenir des terres agricoles et des terrains à bâtir.**

D'après les chercheurs, si la quantité de gaz à effet de serre continue d'augmenter à la vitesse actuelle, les températures moyennes vont s'élever de 1,5 °C à 4 °C dans les cinquante prochaines années. Beaucoup de gens partagent cet avis et tentent de réduire la quantité de gaz à effet de serre relâchés dans l'atmosphère.

## Autres gaz à effet de serre

Le gaz carbonique et la vapeur d'eau sont les gaz à effet de serre les plus connus, mais d'autres gaz, comme les chlorofluorocarbones (CFC), les oxydes d'azote et le méthane, absorbent également le rayonnement sortant et leur quantité augmente.

**Les CFC sont relâchés par les bombes aérosol et les réfrigérateurs.**

**On pense que les CFC détruisent aussi l'ozone de la stratosphère (voir page 40).**

## Les effets du réchauffement global

Si les températures de notre planète continuent de monter, les climats du monde, et par conséquent la vie sur Terre, vont être grandement affectés.

Il pleuvra davantage dans les zones tropicales, car le supplément de chaleur augmentera la quantité de vapeur d'eau dans l'air. Les zones à faibles précipitations recevront encore moins de pluie, et deviendront des déserts. Les gens et les animaux devront partir ailleurs.

Les températures des mers s'accroîtront aussi, provoquant des inondations dans les zones peu élevées et une augmentation du nombre de tempêtes.

L'oxyde d'azote provient des fumées d'échappement des voitures et des fertilisants utilisés dans l'agriculture.

Le méthane est dégagé par la décomposition de la végétation et par les marais. Les plantations de riz en terrasses inondées, permettant de nourrir des millions de gens, ont en réalité créé des marais artificiels qui libèrent encore plus de méthane.

Beaucoup d'animaux élevés pour leur viande rejettent des déchets qui produisent du méthane.

La quantité de déchets domestiques a augmenté. La décomposition des déchets dans les décharges produit du méthane.

Si les températures s'élèvent, beaucoup d'animaux ne seront pas capables de s'adapter aux changements climatiques.

Beaucoup de plantes vont périr par manque d'eau et les animaux devront partir dans d'autres régions pour trouver à boire et à manger.

Si beaucoup de plantes meurent à cause de la hausse mondiale des températures, beaucoup d'espèces animales vont aussi disparaître.

## Le niveau montant des mers

Si les températures mondiales s'élèvent, le niveau des mers va monter pour deux raisons: d'abord parce qu'en se réchauffant, l'eau devient moins dense et se dilate; ensuite, parce que des températures plus élevées feraient fondre une partie des glaces qui recouvrent en permanence certaines régions du globe (l'Antarctique et quelques montagnes) et cette eau finirait par se déverser dans les mers et par relever leur niveau. En revanche, la fonte des glaces flottant actuellement en mer ne modifierait en rien ce niveau.

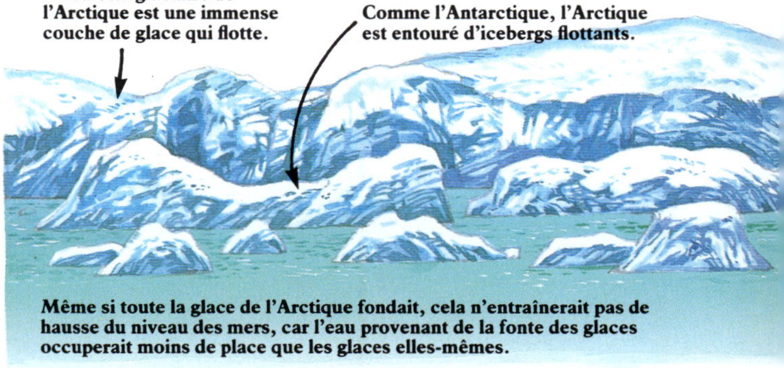


Même si toute la glace de l'Arctique fondait, cela n'entraînerait pas de hausse du niveau des mers, car l'eau provenant de la fonte des glaces occuperait moins de place que les glaces elles-mêmes.

## La fonte des glaces

La calotte glaciaire de l'Arctique flotte sur la mer. Sa fonte entraînerait peu de variations du niveau des mers. Pour le prouver, il vous faut des glaçons, un grand bol en verre et une règle.

**Comment faire:**

1. Remplissez à moitié le bol avec de l'eau et ajoutez-lui des glaçons. Mesurez la hauteur de l'eau.

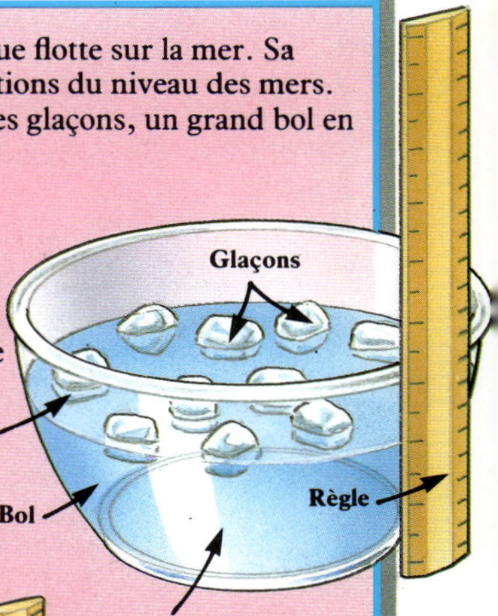


2. Attendez que les glaçons fondent.

3. Quand ils ont fondu, mesurez à nouveau la hauteur de l'eau.

# La pollution atmosphérique

La pollution de l'air est due à toute substance indésirable qui entre dans l'atmosphère et rompt son équilibre naturel. Ces substances peuvent être des gaz, des liquides ou des solides. On les appelle des polluants. Ce sont les activités humaines qui libèrent la plupart des polluants de l'air.

## La couche d'ozone

L'ozone est un gaz qui existe dans toutes les couches de l'atmosphère terrestre, mais il est plus particulièrement concentré dans une couche de la stratosphère (voir page 5). Cette couche est essentielle, car les molécules de gaz empêchent les radiations solaires nocives d'atteindre la surface de la Terre. Or, des chercheurs ont découvert que la couche d'ozone devenait de plus en plus fine. D'après eux, les substances composant les gaz produits par l'homme (les CFC, voir page 38) montent dans la stratosphère et cassent les molécules d'ozone. Si ce phénomène se poursuit, de plus en plus de radiations nocives vont atteindre notre planète. Une exposition à ces radiations peut provoquer certaines formes de cancer de la peau.

**Les chercheurs ont découvert un "trou" dans la couche d'ozone au-dessus de l'Antarctique, là où elle est fine.**

**Ils surveillent la quantité d'ozone de l'atmosphère avec des instruments attachés à des ballons.**

## Les inversions de température

Dans certaines conditions inhabituelles, il peut arriver qu'une couche d'air chaud piège l'air plus froid au-dessous d'elle pendant plusieurs jours. C'est une inversion de température.

Quand cela arrive au-dessus d'une ville, la quantité de polluants augmente et peut provoquer du smog (mélange de brouillard et de fumées). Normalement, les polluants se dispersent dans l'atmosphère avec les mouvements d'air. Mais l'inversion empêche l'air de s'élever et maintient l'air pollué à basse altitude.

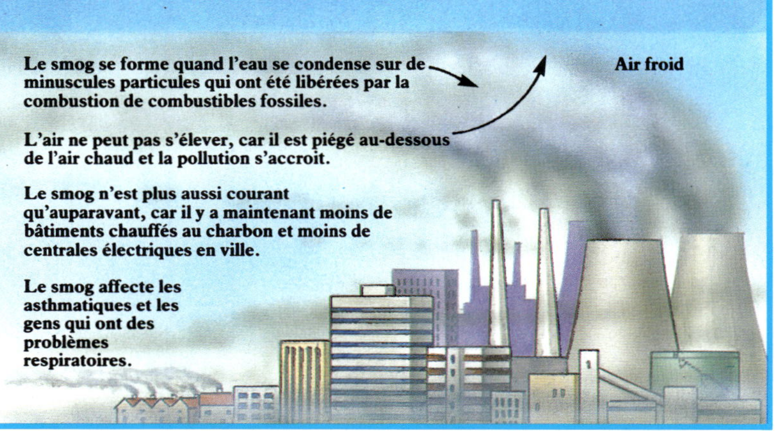


## L'ozone de surface et le smog photochimique

On trouve un certain type d'ozone, appelé ozone de surface, au niveau du sol. C'est une forme de pollution, qui peut causer des problèmes de santé. Il est produit par réaction chimique à partir de différents polluants quand l'ensoleillement est fort. Les principaux polluants concernés sont les oxydes d'azote et les hydrocarbures des pots d'échappement. Quand une grande quantité d'ozone de surface apparaît, on parle de smog photochimique. Pratiquement invisible quand on est dans la rue, il suffit de s'élever pour voir une brume sale et épaisse suspendue au-dessus de la ville.

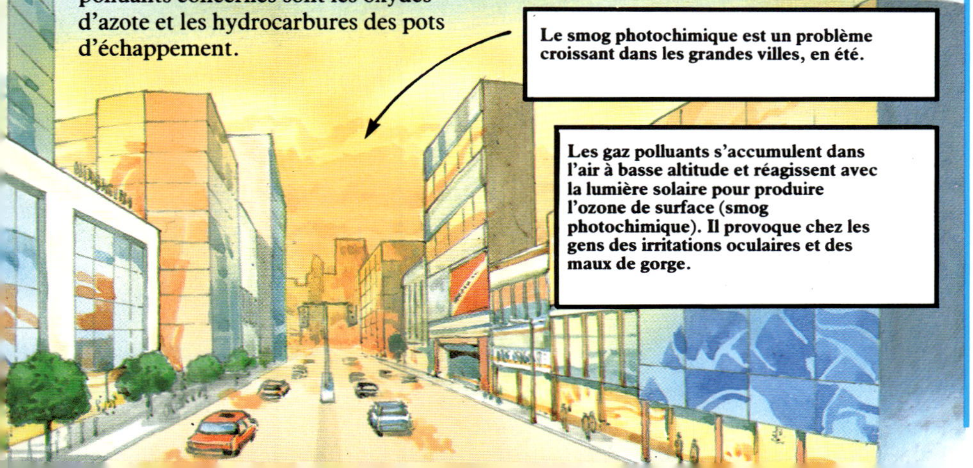


## La pollution par le plomb

Le plomb est un autre polluant. Ses particules proviennent des gaz d'échappement et pénètrent l'air. On en trouve davantage dans les villes que dans les campagnes. Les chercheurs pensent que quand les gens sont exposés à de grandes quantités de plomb, celui-ci s'accumule dans leur sang et provoque des lésions au cerveau.

## Pluies acides

En temps normal, l'eau de pluie contient d'infimes quantités d'acide, qui provoquent peu de dégâts. Cependant, lorsqu'elle se mélange à certains polluants, elle devient beaucoup plus acide et produit des pluies nocives, appelées pluies acides.

Nombreux sont les animaux qui ne peuvent survivre à des taux élevés d'acide (dans les lacs et les rivières, par exemple). Les arbres et d'autres plantes souffrent également, car l'acide les rend moins résistants au gel, aux maladies et aux attaques des insectes.

De plus, les pluies acides rongent et dissolvent les surfaces sur lesquelles elles tombent, les roches par exemple. Des minéraux nocifs pour les végétaux et les animaux sont ainsi emportés par l'eau (voir dessin ci-dessous).

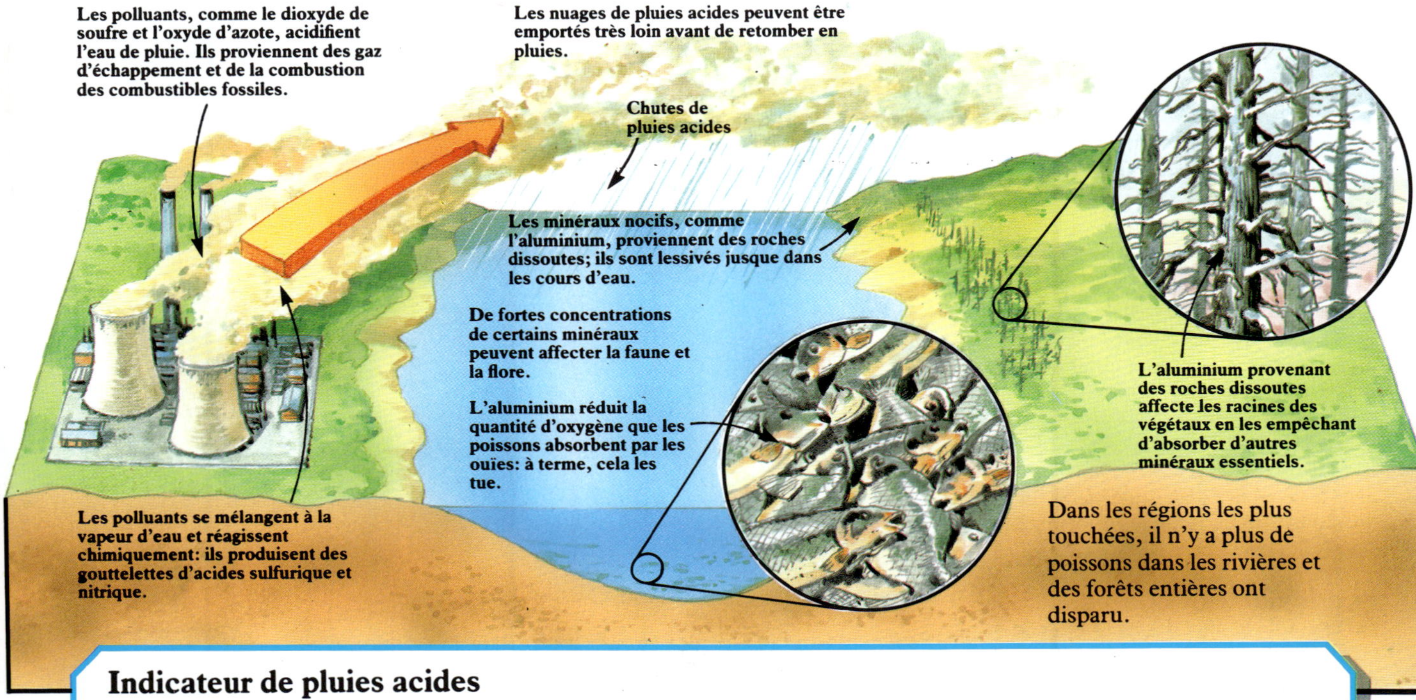


Dans les régions les plus touchées, il n'y a plus de poissons dans les rivières et des forêts entières ont disparu.

## Indicateur de pluies acides

Une grande partie des eaux de pluie est légèrement acide. Pour mesurer l'acidité des eaux de pluie de votre région, vous allez la comparer à d'autres substances. Pour cela, il vous faut: un chou rouge, du vinaigre blanc, du bicarbonate de soude, un pot à eau, des pots en verre.

**Comment faire:**

1. Récupérez de l'eau de pluie dans un pot. Hachez 3 grandes feuilles de chou et mettez-les dans une casserole avec ½ l d'eau du robinet. Laissez bouillir à feu doux pendant 10 mn.

2. Laissez refroidir le liquide, puis versez-le dans une passoire au-dessus d'un pot à eau.

3. Testez le liquide en versant 1 cm dans deux pots. Ajoutez quelques gouttes de vinaigre dans le premier pot et ½ cuillerée à café de bicarbonate de soude dans le deuxième.

4. De la même façon, servez-vous du liquide témoin pour tester l'acidité de l'eau de pluie.

# Quel temps dans l'avenir?

Actuellement, les chercheurs sont très préoccupés par le réchauffement global de la Terre (voir page 38), aussi tentent-ils de prévoir quels seraient les effets d'une augmentation des températures sur le temps et les climats pour l'avenir de notre planète. Ils utilisent des modèles informatiques pour déterminer les climats futurs, comme ils le font pour prévoir la météo quotidienne (voir page 29).

## Modèles de circulation générale

Les cherceurs utilisent des ordinateurs pour obtenir des modèles de circulation générale et prévoir le temps qu'il fera dans l'avenir. Les ordinateurs contiennent de vaste quantités d'informations sur l'atmosphère, comme la composition de ses gaz, les températures moyennes en surface et dans les couches d'air supérieures et l'humidité, mais aussi des informations sur les océans.

En changeant certaines données, comme par exemple le taux des gaz à effet de serre, les chercheurs peuvent créer de nouveaux modèles qui montrent les conséquences du réchauffement global de la Terre sur le temps.

**D'après certains modèles expérimentaux, dans les régions continentales (en Amérique du Nord, par exemple), les précipitations augmenteront en hiver et les températures s'élèveront de 2 à 4 °C dans les 50 prochaines années.**

**Les températures s'accroîtront peut-être aussi en été, de 2 à 3 °C, et il y aura moins de pluie.**

**Ce changement climatique affectera la quantité de blé cultivé en prairie dans les vastes plaines d'Amérique du Nord.**

## Augmentation inégale des températures

En se servant des modèles de circulation générale, les chercheurs prédisent une augmentation moyenne possible de la température de 1,5 °C d'ici l'an 2050. Toutefois, ils pensent que la température augmentera d'une manière inégale, avec une augmentation plus élevée aux pôles, jusqu' à 4 °C, contre 1 °C dans les régions tropicales.

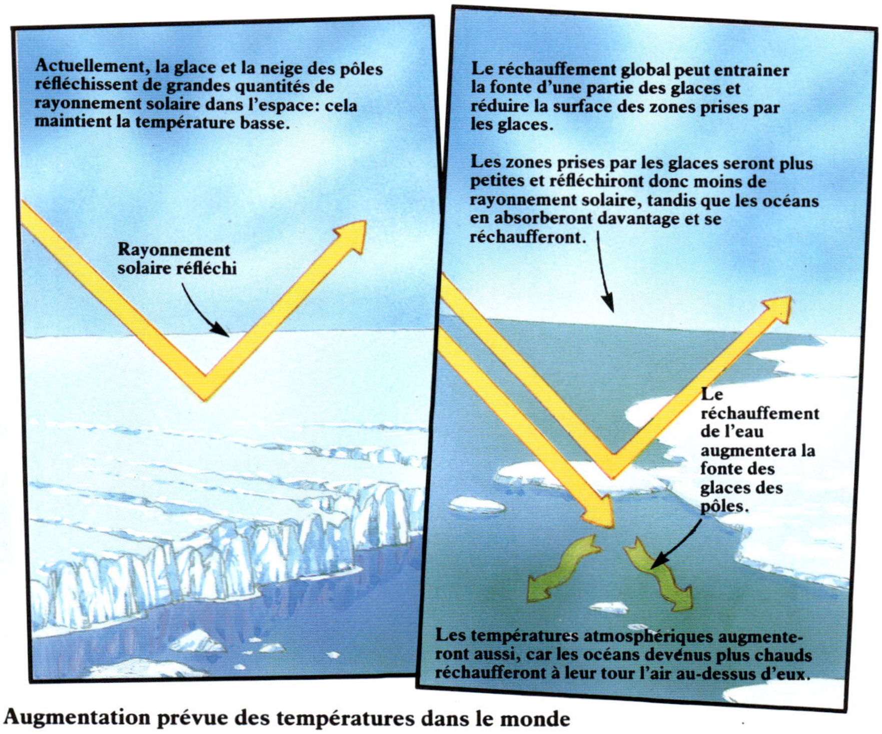


**Augmentation prévue des températures dans le monde**

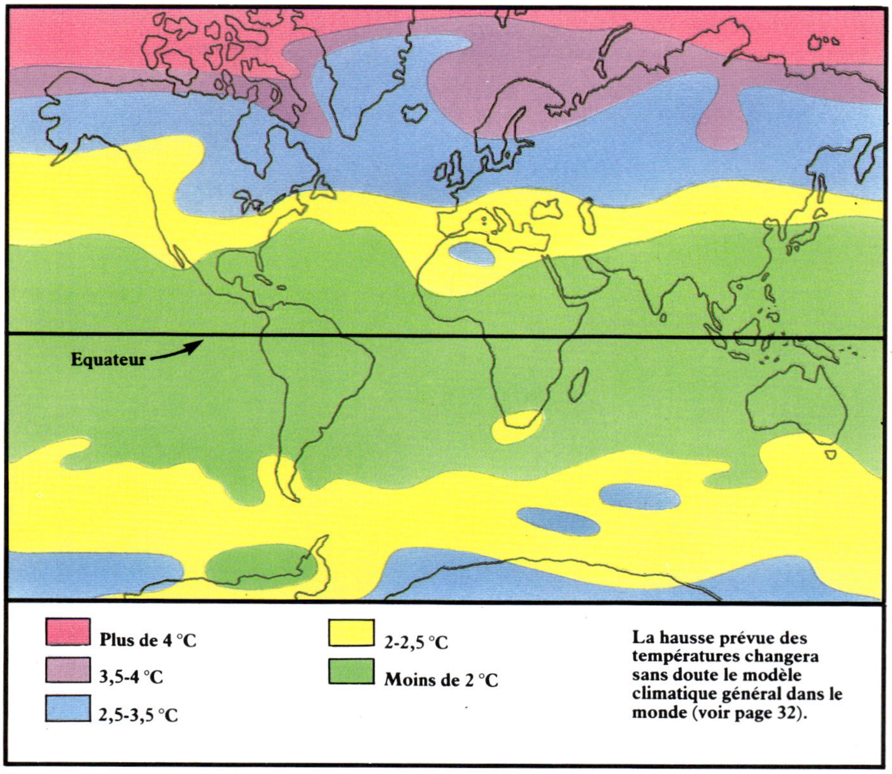


**La hausse prévue des températures changera sans doute le modèle climatique général dans le monde (voir page 32).**

## La couverture nuageuse

D'après certains scientifiques, si le monde se réchauffe, il y aura alors plus de nuages, car l'eau des mers s'évaporera en plus grande quantité et beaucoup de régions recevront alors plus de pluies qu'actuellement. D'un autre côté, certains types de nuages réfléchissent le rayonnement solaire, tandis que d'autres absorbent les rayons émis par la surface terrestre. Selon le type et la quantité de ces "nouveaux" nuages, la vitesse du réchauffement global sera alors plus ou moins affectée.

Si le nombre des nuages augmente, la vitesse du réchauffement global peut diminuer, ou même s'arrêter, mais elle peut aussi augmenter. Selon le type de nuages qui se formeront, les températures s'élèveront ou au contraire s'abaisseront.

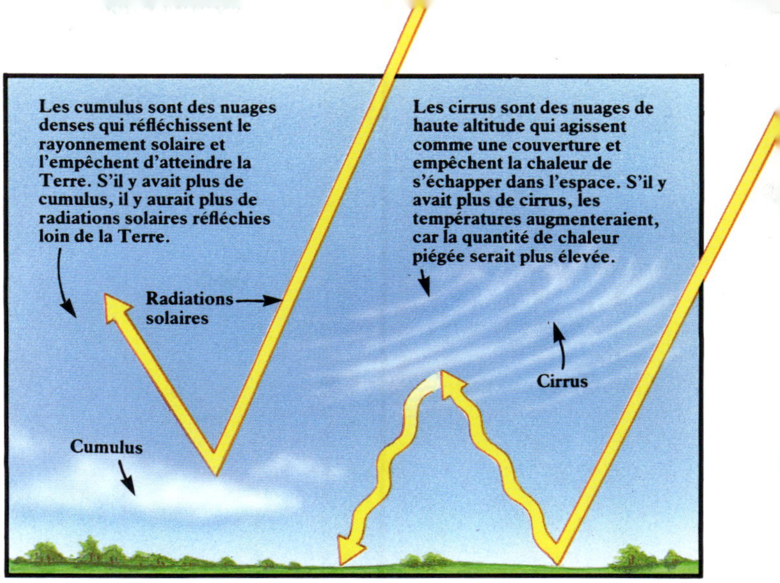


## Davantage de tempêtes?

Pour certains scientifiques, les conditions météorologiques extrêmes, comme les tempêtes, les cyclones et les inondations, risquent d'être plus fréquentes si le monde se réchauffe, et cela en particulier dans les zones tropicales. Même si la hausse des températures est faible dans les zones tropicales, elle serait suffisante pour que les zones marines avec des températures au-dessus de 27 °C s'accroissent et que cela provoque un plus grand nombre de cyclones (voir page 18).

En 1991, la côte du Bangladesh fut touchée par une tempête de houle, qui tua des milliers de gens.

Pour d'autres scientifiques, les tempêtes deviendraient au contraire moins fréquentes, et cela surtout dans les régions tropicales. La raison avancée est la suivante: les zones de basses pressions, qui produisent des tempêtes, se développent parce que la différence de température entre l'air tropical et l'air polaire est grande (voir page 16). Or, à cause d'une hausse prévue inégale des températures mondiales, cette différence ne pourrait que diminuer et donc produire moins de tempêtes.

## Comment mettre un ouragan en bouteille

A l'intérieur d'un ouragan, les vents s'élèvent en spirale, et forment un vortex. Vous pouvez recréer un vortex dans une bouteille. Pour cela, il vous faut 2 bouteilles plastique identiques avec leur bouchon, un marteau, un clou et de la colle forte.

**Comment faire:**

1. Collez les 2 bouchons l'un à l'autre par leur côté plat. ▶

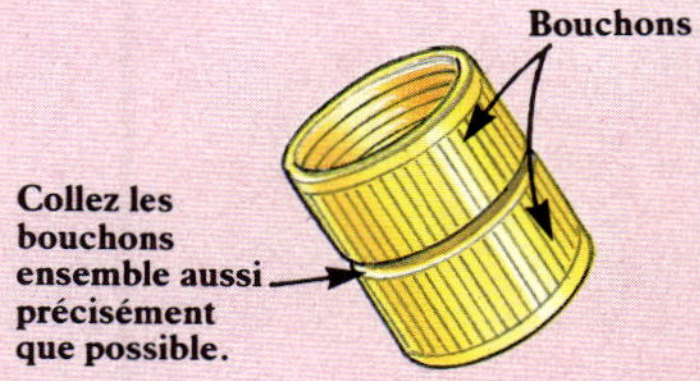


2. Laissez sécher la colle, puis trouez les bouchons à l'aide d'un marteau et d'un clou. ▶

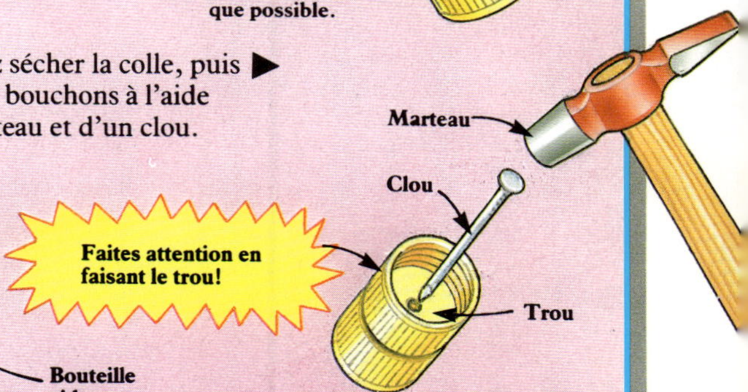


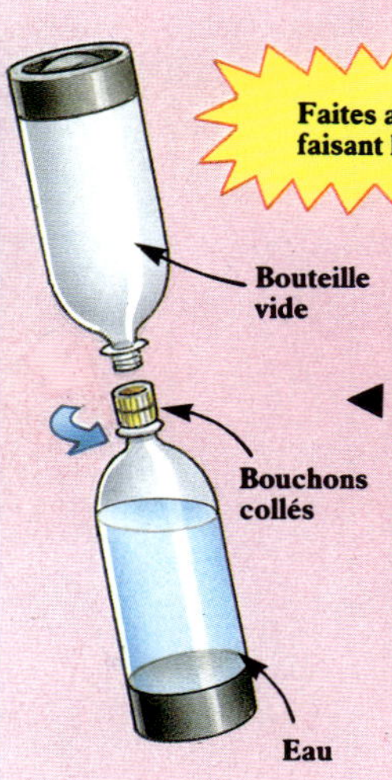


◀ 3. Remplissez aux ¾ une des bouteilles avec de l'eau. Vissez-y bien les bouchons, puis vissez la bouteille vide.

4. Renversez la bouteille et agitez-la pour faire tournoyer l'eau doucement.

# Quelques records météorologiques

Les météorologues du monde entier relèvent des conditions météorologiques et climatiques qui battent tous les records.

## La sécheresse la plus longue

Le lieu le plus sec au monde est aussi celui qui a connu la plus longue sécheresse: c'est Calama dans le désert d'Atacama, au Chili. On dit qu'avant 1971, il n'y avait pas plu depuis 400 ans!

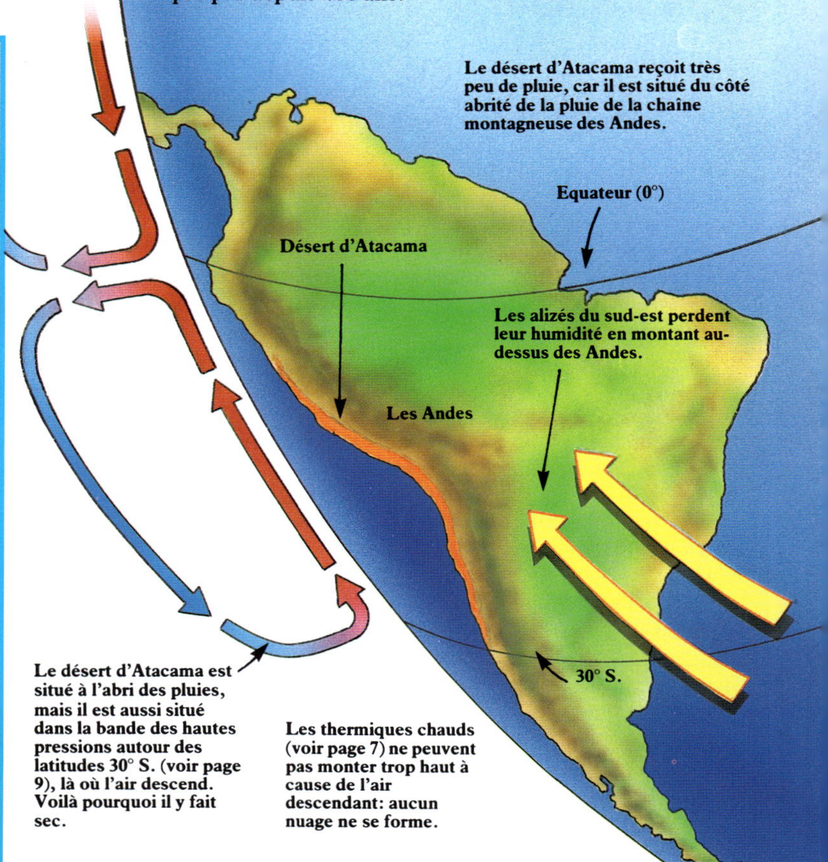


## Le climat le plus pluvieux

La zone la plus humide au monde, avec le nombre de jours de pluie le plus élevé par an, est le mont Wai-'ale-'ale, sur l'île de Kauai, à Hawaii. Il y pleut 350 jours par an!

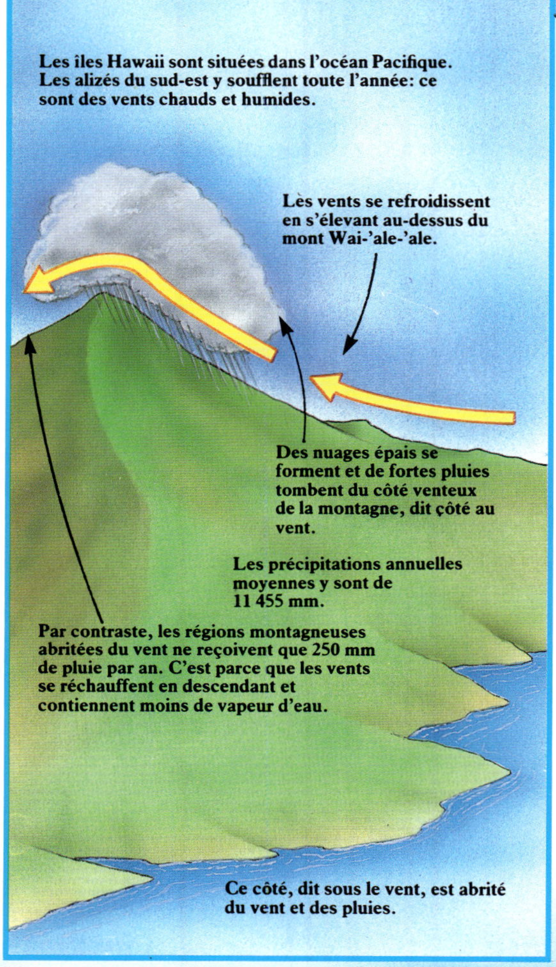


## Le climat le plus chaud

Dallol, en Ethiopie, sur le côté est du désert du Sahara, a une température annuelle moyenne de 34,4 °C: c'est le lieu le plus chaud au monde.

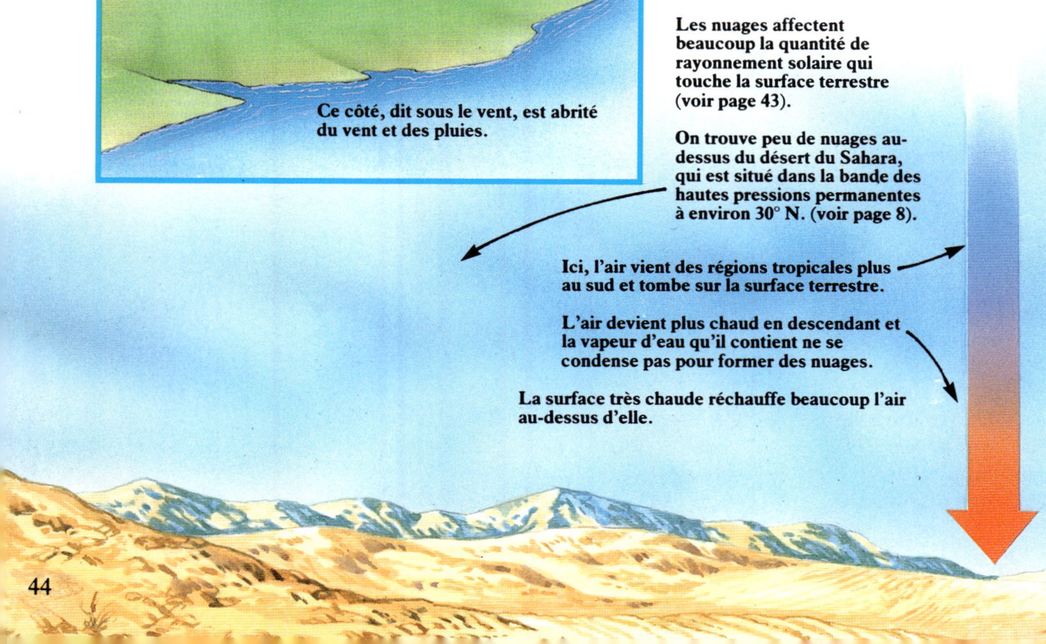


C'est en Libye, à Al Aziziyah (aussi en bordure du Sahara), qu'on a enregistré la température de l'air la plus élevée: 58 °C à l'ombre; les météorologues mesurent toujours les températures à l'ombre (voir page 24).

## Le climat le plus froid

C'est en Antarctique que le climat est le plus froid. Les chercheurs de la station de recherches du Plateau, en Antarctique, ont enregistré – 56,6 °C comme température moyenne annuelle.

La température de l'air la plus basse fut aussi relevée en Antarctique, à la station de recherches russe de Vostok. La température était de – 89, 2 °C.

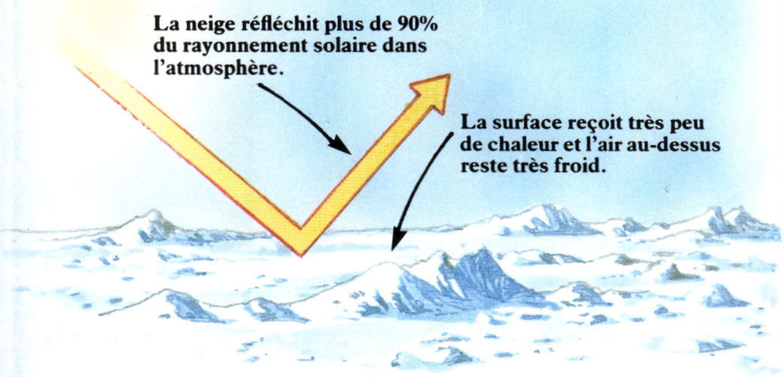


C'est aussi au pôle Sud qu'on trouve le plus faible nombre d'heures d'ensoleillement. A cause de l'inclinaison de la Terre, le Soleil ne se lève pas pendant 182 jours de l'année (voir page 6).

## La pression atmosphérique et la vitesse du vent

La pression atmosphérique la plus élevée fut relevée à Agata, dans le nord de la Sibérie. La pression de l'air au niveau de la mer était de 1083,8 mb.

La pression atmosphérique la plus basse (870 mb) fut enregistrée dans le centre du typhon Tip qui sévit au-dessus de l'océan Pacifique, en 1979. Un avion de l'US Air Force vola jusque dans l'œil du cyclone (voir page 19) pour la mesurer.

La vitesse la plus élevée d'un vent de surface est de 450 km/h. Elle fut causée par une tornade, au Texas, aux Etats-Unis.

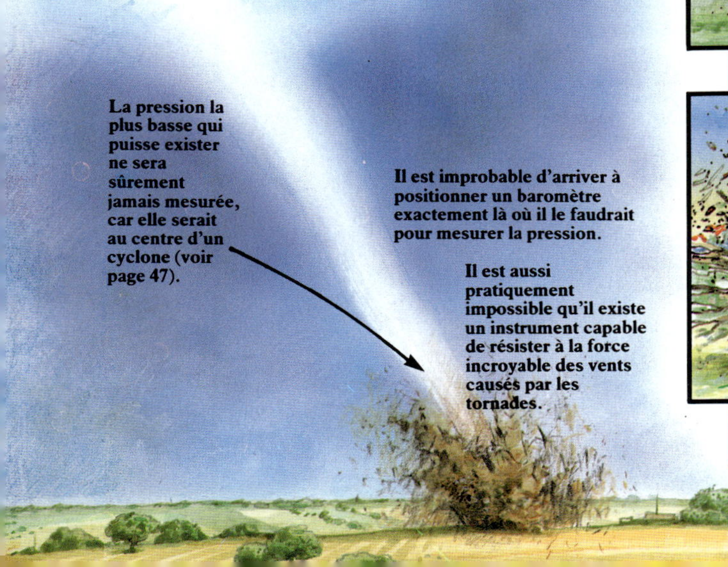


## Estimation de la force du vent

La vitesse du vent se mesure généralement avec un anémomètre, mais on peut aussi l'estimer en se servant d'une échelle, dite de Beaufort. Cette échelle se fonde sur les effets du vent à différentes vitesses.

**Force** — **Description** — **Vitesse**

**0. Calme. La fumée monte verticalement.**

**0 km/h**

**1. Air léger. Direction du vent donnée par la fumée.**

**1-5 km/h**

**2. Brise légère. On sent le vent sur le visage. Les feuilles bougent.**

**6-11 km/h**

**3. Faible brise. Les feuilles et les brindilles sont en mouvement constant. Les drapeaux se déploient.**

**12-19 km/h**

**4. Brise moyenne. Poussière et papiers volent. Les petites branches des arbres bougent.**

**20-29 km/h**

**5. Brise fraîche. Les petits arbres se penchent. Petites vagues sur les lacs.**

**30-39 km/h**

**6. Forte brise. Les grandes branches des arbres bougent. Il est difficile d'ouvrir son parapluie.**

**40-50 km/h**

**7. Petit grain. Les arbres tremblent. Il est difficile de marcher contre le vent.**

**51-61 km/h**

**8. Grain. Les brindilles des arbres se cassent. Il est très difficile de marcher.**

**62-74 km/h**

**9. Gros grain. Les cheminées et les tuiles tombent des toits.**

**75-87 km/h**

**10. Tempête. Cela arrive rarement loin des côtes. Les arbres sont déracinés, les constructions sont endommagées.**

**88-101 km/h**

**11. Forte tempête. Cela arrive rarement. Dommages très étendus.**

**102-117 km/h**

**12. Cyclone. Dévastation totale.**

**de 118 km/h à plus.**

# Glossaire

**Anémomètre** Instrument utilisé pour mesurer la vitesse du vent.

**Anticyclone** Zone où la pression atmosphérique est relativement élevée.

**Anticyclone stationnaire** Zone de haute pression qui reste stationnaire et dévie le sens normal des dépressions qui parcourent un point de la surface terrestre.

**Baromètre** Instrument qui sert à mesurer la pression de l'air.

**Carte synoptique** Carte qui montre les divers éléments du temps, comme la température et la pression, mesurés en même temps dans différents endroits.

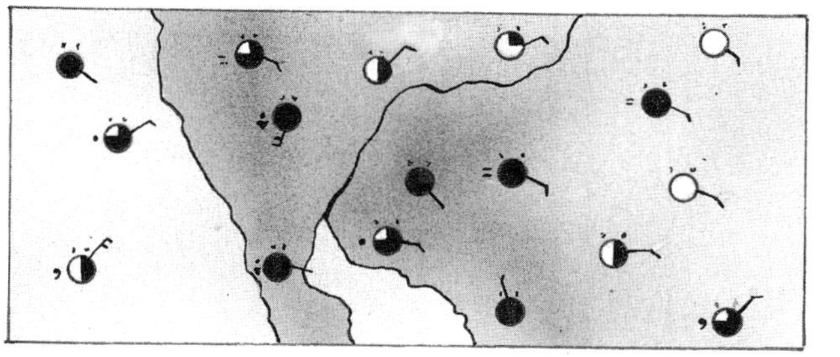

**Climat** Conditions météorologiques expérimentées localement sur une longue période.

**Condensation** Processus par lequel un gaz ou de la vapeur se transforme en liquide.

**Convection** Mouvement ascendant de l'air qui a été réchauffé par la terre ou la surface de la mer.

**Cyclone** Zone de basse pression, appelée aussi dépression.

**Cyclone tropical** Forte tempête accompagnée de pluies torrentielles et de vents puissants, formée au-dessus des mers chaudes entre le 5e parallèle nord et le 20e parallèle sud de l'équateur. On l'appelle aussi hurricane ou typhon.

**Couche d'ozone** Couche formée du gaz ozone, qu'on trouve dans l'atmosphère supérieure et qui absorbe le rayonnement solaire nocif.

**Echelle de Beaufort** Graduation utilisée pour mesurer la force du vent, basée sur l'observation.

**Effet de Coriolis** Effet causé par la rotation de la Terre qui semble faire dévier l'air se déplaçant entre deux points.

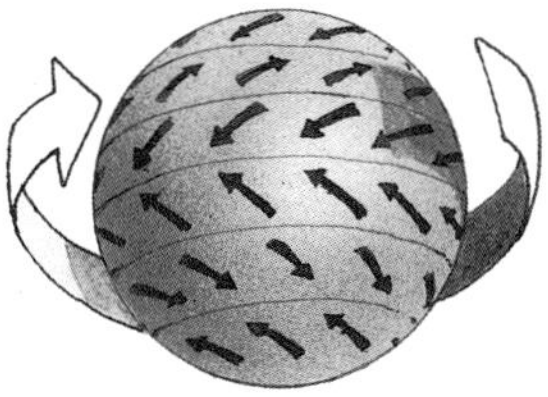

**Effet de serre** Réchauffement dû aux gaz atmosphériques qui captent la chaleur émise sous forme de radiations à la surface terrestre.

**Evaporation** Processus par lequel un liquide se transforme en un gaz ou en vapeur.

**Front** Frontière qui sépare deux masses d'air de températures différentes.

**Front chaud** Frontière entre une masse d'air chaud et une masse d'air plus froid, où l'air chaud se déplace pour remplacer l'air plus froid.

**Front froid** Frontière entre une masse d'air froid et une masse d'air plus chaud: l'air froid se déplace pour remplacer l'air plus chaud.

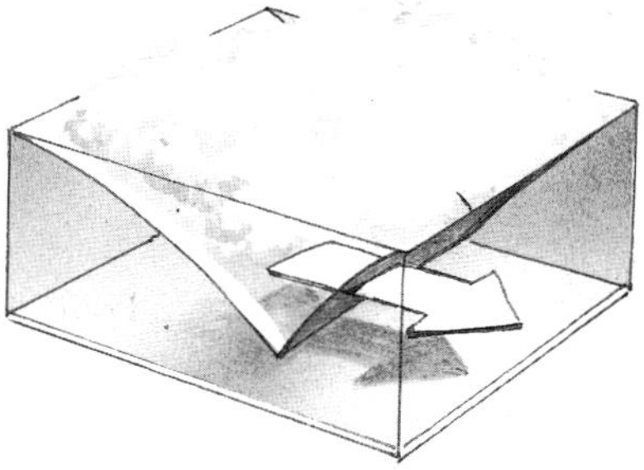

**Front occlus** Front qui apparaît là où un front froid se déplace et coupe un front chaud, soulevant l'air chaud loin de la surface.

**Front polaire** Frontière où l'air froid venant des régions polaires rencontre l'air chaud tropical.

**Glaciations** Périodes durant lesquelles une grande partie de la surface terrestre fut recouverte par les glaces.

**Humidité** Quantité de vapeur d'eau dans l'air.

**Inversion de température** Situation qui apparaît quand une couche d'air plus chaud repose au-dessus d'un air plus froid, augmentant ou non la température alors qu'elle devrait l'abaisser du fait de l'altitude.

**Isobare** Ligne sur une carte météorologique joignant les points d'égale pression atmosphérique.

**Jet streams** Ce sont les courants les plus puissants apportés par les vents de haute altitude, qui circulent autour de la Terre entre 10 km et 16 km au-dessus de sa surface.

**Météorologue** Chercheur qui étudie tous les éléments de l'atmosphère se combinant pour former le temps.

**Modélisation** Représentation de l'atmosphère créée par ordinateur et utilisée par les météorologues pour donner leurs prévisions du temps.

**Mousson** Vent qui souffle dans des directions différentes selon le moment de l'année, créant une saison humide ou saison des pluies et une saison sèche.

**Pluie acide** Pluie contenant des gouttelettes d'eau qui ont absorbé des polluants dans l'atmosphère et se sont inhabituellement acidifiées. Ce terme désigne aussi les polluants secs de l'air, qui tombent sur la terre.

**Point de condensation** Température à laquelle la vapeur d'eau se condense pour former de l'eau.

**Précipitation** Toute forme d'humidité tombant d'un nuage sur le sol: pluie, neige, grésil, grêle.

**Pression atmosphérique** (pression de l'air) Poids de l'air qui exerce une force sur la surface d'une planète.

**Radiosonde** Instrument attaché à un ballon, qui surveille la pression, la température et l'humidité de différents points au-dessus de la surface terrestre.

**Rayonnement solaire** Energies thermique et lumineuse venant du Soleil.

**Réchauffement global** Augmentation générale des températures mondiales, sans doute due à la quantité de chaleur captée par les gaz à effet de serre (dioxide de carbone et CFC, par exemple).

**Satellite géostationnaire** Satellite météorologique qui reste à la même place, au-dessus de la Terre.

**Satellite sur orbite polaire** Satellite météorologique qui passe au-dessus des pôles Nord et Sud chaque fois qu'il accomplit une orbite de la Terre.

**Smog** Mélange de brouillard et de polluants atmosphériques (fumées, par exemple) qui épaississent le brouillard.

**Thermique** Courant d'air chaud montant causé par un échauffement local de la surface de la Terre.

**Tornade** Colonne d'air tourbillonnant violemment qui peut s'étendre à partir de la base d'un cumulonimbus. On pense qu'elle provient des forts courants d'air ascendant présents dans le nuage.

**Vent** Air se déplaçant des zones de hautes pressions vers les zones de basses pressions.

**Vent prédominant** Vent le plus courant tendant à souffler localement.

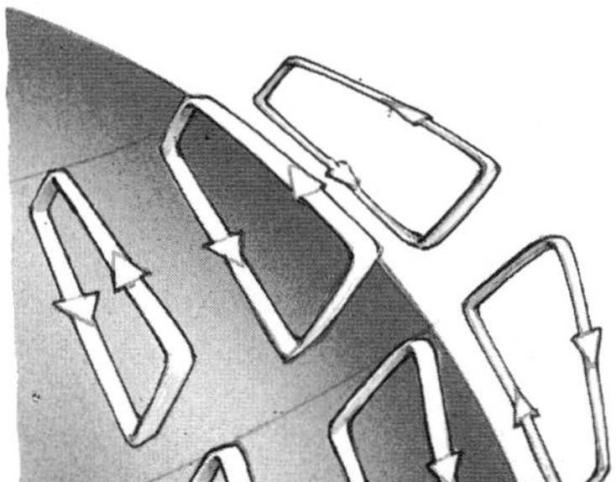

**Zone de Convergence Intertropicale** Zone de basses pressions, formée autour de l'équateur, où l'air chaud monte et est remplacé par de l'air venant des hémisphères Nord et Sud.

## Index